농림축산식품부주관
한국산업인력공단 시행

최신판

손해평가사 1차

농학개론 중
재배학 및 원예작물학
핵심요약집

편저 고송남
사마 자격증수험서연구원편

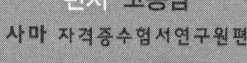

- 단원별 문제를 바로 체크!
- 기출문제 분석과 반영

동영상강의 + 최신기출 + 시험정보 + 모의고사

사마출판
booksama.com

차 례

 손해평가사 소개 / 4

 제 1편 | 재배일반
　01 재배의 의의 / 9
　02 작물의 분류 / 11

 제 2편 | 농작물의 품종과 육종
　01 작물의 품종 / 13
　02 육종(품종개량) / 15

 제 3편 | 재배환경
　01 토양환경 / 19
　02 온도환경 / 37
　03 광(光) 환경 / 42
　04 수분환경 / 48
　05 대기환경 / 52

 제 4편 | 작물의 생육
　01 작물의 생장과 발육 / 55
　02 식물호르몬과 생장조절제 / 60

제 5편 | 작물의 번식
01 종자번식 / 65
02 영양번식 / 69

제 6편 | 재배기술
01 작부체계 / 75
02 파종, 육묘 및 이식 / 78
03 중경과 제초 / 82
04 배토와 멀칭 / 84
05 시비 / 86
06 정지와 전정 / 90

제 7편 | 원예작물
01 원예작물의 분류 / 99
02 주요 원예작물의 재배 및 관리 / 103
03 원예작물의 수확 후 생리작용 / 110

제 8편 | 특수원예
01 시설재배의 의의 / 119
02 양액재배 및 식물공장 / 124

부록 | 기출문제 / 127

손해평가사 소개

손해평가사

공정하고 객관적인 손해액산정과 보험금지급을 위하여 농작물의 농업재해로 인한 손해에 대해 보험관련 법규와 약관을 근거로 전문적인 능력과 지식을 활용하여 보험사고의 조사/평가하는 일을 수행

※ 근거법령 : 농어업재해보험법

손해평가사 수행직무

❶ 피해사실의 확인
❷ 보험가액 및 손해액의 평가
❸ 그 밖의 손해평가에 필요한 사항

손해평가사 응시자격·시험과목·합격자결정기준

❶ 응시자격 : 제한없음

❷ 제1차 시험은 선택형 필기시험으로 각 과목 100점 만점으로 각 과목 40점 이상의 점수를 취득한 자 중 평균점수가 60점 이상인 자를 합격자로 한다.

시험구분	시험과목	문항수	합격자 결정기준
1차 시험 (4지택일형)	1. 「상법」보험편 2. 「농어업재해보험법령」 및 농업재해보험손해평가 요령 3. 농학개론 중 재배학 및 원예작물학	75문항 (과목당 25문항 /120분)	과목별 100점 만점에 40점 이상 취득한 자 중 평균점수가 60점 이상인자

❸ 제2차 시험은 제1차 선택형 필기시험에 합격한 자를 대상으로 농산물 품질관리사 직무수행에 필요한 실무를 시험과목으로 하여 100점 만점에 60점 이상인 자를 합격자로 한다. 이 경우 제2차 시험에 합격하지 못한 자에 대하여는 다음 회에 실시하는 시험에 한하여 제1차 선택형 필기시험을 면제한다.

시험구분	시험과목	문항수	합격자 결정기준
2차 시험 (서술형)	1. 농작물재해보험 및 가축재해보험의 이론과 실무 2. 농작물재해보험 및 가축재해보험 손해평가 이론과 실무	10문항 (단답형5문항, 서술형5문항/ 120분)	과목별 100점 만점에 40점 이상 취득한 자 중 평균점수가 60점 이상인자

MEMO

손해평가사

재배학 및 원예작물학

MEMO

손해평가사 대비

제1편 | 재배일반

01 재배의 의의

❶ 재배농업

1) 농업은 재배와 축산이 결합된 것이라고 할 수 있다. 재배는 경종(耕種)이라고도 하며 토지를 경작하여 작물을 길러서 농산물을 얻는 활동이고, 축산은 양축(養畜)이라고도 하며 가축을 길러서 축산물을 얻는 활동이다.
2) 재배를 통해 농산물을 얻고, 그 농산물의 일부를 이용하여 가축을 길러서 축산물을 얻으며 다시 축력이나 구비는 작물을 기르는 데 이용된다. 이와 같이 농업의 과정은 유기적 생명체의 생산이라고 하는 사람의 목적의식 아래에서 체계적이며 영리적으로 이루어지고 있다.
3) 많은 식물 중에서 재배대상이 되는 것은 이용성과 경제성이 높은 것에 한정되어 있다. 이와 같이 재배대상이 되는 식물을 재배식물 또는 (경)작(식)물이라고 한다.
4) 인간은 야생식물을 이용성과 경제성에 맞게 개량해 왔으며, 그 결과 인간이 원하는 부분만 발달하고 불필요한 부분은 퇴화되었다. 따라서 작물은 야생의 원형과 비교하면 기형식물이라고 할 수 있다.

❷ 작물의 원산지

(1) 유전자중심설

1) 바빌로프(N.I. Vavilov, 1926)가 주장하였다.
2) 재배식물의 기원지를 1차중심지와 2차중심지로 구분하였다.
3) 우성유전자들의 분포 중심지를 1차중심지라고 하고 1차중심지를 원산지로 추정한다.
4) 2차중심지에서는 열성형질이 나타난다.

(2) 주요 작물 재배기원 중심지

연번	지역	주요작물
I	중국	6조보리, 조, 메밀, 콩, 팥, 마, 인삼, 배나무, 복숭아 등
II	인도, 동남아시아	벼, 참깨, 사탕수수, 왕골, 오이, 박, 가지, 생강 등
III	중앙아시아	귀리, 기장, 삼, 당근, 양파 등
IV	코카서스, 중동	1립계와 2립계의 밀, 보리, 귀리, 앨팰퍼, 사과, 배, 양앵두 등
V	지중해 연안	완두, 유채, 사탕무, 양귀비 등
VI	중앙아프리카	진주조, 수수, 수박, 참외 등
VII	멕시코, 중앙아메리카	옥수수, 고구마, 두류, 후추, 육지면, 카카오 등
VIII	남아메리카	감자, 담배, 땅콩 등

③ 작물의 분화

1) 작물이 원형에서 갈라지는 현상을 작물의 분화라고 한다.
2) 작물의 분화과정은 변이, 순화, 고립의 단계를 거쳐 이루어진다.
3) 작물의 분화과정의 첫 단계는 자연교잡 또는 돌연변이에 의해 유전적 변이가 나타나는 것이다.
4) 새로 생긴 유전형은 도태 또는 적응하며, 오래 생육하여 잘 적응하는 단계에 이르면 순화의 단계에 이르게 된다.
5) 분화의 마지막 단계는 형성된 적응형이 유전적으로 안정된 상태를 유지하는 것이다. 유전적으로 안정된 상태를 유지하기 위해서는 적응형 상호간에 유전적 교섭이 나타나지 않아야 하는데 이를 고립 또는 격절이라고 한다.
6) 지리적으로 멀리 떨어져 있어서 유전적 교섭이 나타나지 않는 것을 지리적 격절, 개화시기의 차이, 교잡불능 등 생리적 차이에 의해 유전적 교섭이 나타나지 않는 것을 생리적 격절, 유전적 순수성을 유지하기 위해 인위적으로 유전적 교섭을 막아주는 것을 인위적 격절이라고 한다.

02 작물의 분류

❶ 식물학적 분류

1) 식물학적 분류는 식물 각 부위의 유사점에 바탕을 두고 있으며, 문→강→목→과→속→종 으로 구분한다.
2) 작물의 학명은 이명법(Binominal System)이 이용되고 있다. 이명법은 스웨덴의 식물학자 린너(Carl Von Linne)가 제창한 것으로 2가지 명칭, 즉 속(屬)과 종(種)의 이름을 붙여 명명하는 것이다. 속(屬)은 라틴어의 명사로 첫 자는 반드시 대문자로 표시하며, 종(種)은 원칙적으로 소문자의 라틴어를 사용한다.

❷ 농업적 분류

(1) 용도에 의한 분류

식용작물	곡식류	화곡류(쌀, 맥류, 잡곡), 두류(콩, 팥, 녹두, 완두, 땅콩, 강낭콩)
	서류	감자, 고구마
특용작물 (공예작물)	섬유작물	목화, 삼, 모시풀, 아마, 수세미, 양마, 왕골, 닥나무
	유료작물	참깨, 들깨, 아주까리, 유채, 땅콩, 콩, 해바라기
	전분작물	옥수수, 감자, 고구마
	약료작물	인삼, 박하, 호프, 제충국
	당료작물	단수수, 사탕수수
	기호작물	담배, 차
사료작물	화본과	옥수수, 귀리, 그래스, 티머시
	콩과	앨팰퍼, 화이트클로버
녹비작물 (비료작물)	화본과	귀리, 호밀
	콩과	자운영, 벳치

원예작물	과수	인과류(사과, 배), 핵과류(복숭아, 자두), 장과류(포도, 딸기, 무화과), 견과류(밤, 호두), 준인과류(감, 귤)
	채소	과채류(가지, 토마토, 고추, 수박, 호박, 참외 오이, 메론), 엽경채류(배추, 상추, 시금치, 쑥갓, 죽순, 아스파라거스), 근채류(고구마, 마, 무, 당근)
	화훼	화목류(목련, 개나리, 진달래, 무궁화, 장미, 동백나무), 초화류(채송화, 봉선화, 접시꽃)

(2) 생태적 특성에 따른 분류

생존연한에 의한 분류	1년생 작물	봄에 파종하여 그 해에 성숙, 고사하는 작물(벼, 옥수수, 수수, 조, 대두)
	월년생 작물	가을에 파종하여 그 다음 해에 성숙, 고사하는 작물(가을밀, 가을보리)
	2년생 작물	봄에 파종하여 그 다음 해에 성숙, 고사하는 작물(무, 당근, 사탕무)
	다년생 작물	목본류와 같이 생존기간이 긴 작물(아스파라거스, 목초류)
온도반응에 의한 분류	저온작물	맥류, 감자
	고온작물	벼, 콩, 옥수수, 수수
	열대작물	고무, 카사바
생육형에 의한 분류	주형작물	포기를 형성하는 작물(벼, 맥류)
	포복형 작물	땅을 기어서 지표를 덮는 작물(고구마, 호박)
저항성에 따른 분류	내산성 작물	벼, 감자
	내건성 작물	수수, 조, 기장
	내습성 작물	밭벼, 골풀
	내염성 작물	사탕무, 목화
	내풍성 작물	고구마

> **확인문제**
> 농업상 용도에 의한 작물의 분류로 옳지 않은 것은? [1회 기출]
> ① 공예작물 ② 사료작물 ❸ 주형작물 ④ 녹비작물

손해평가사 대비

제 2편 | 작물의 품종과 육종

01 작물의 품종

❶ 품종의 의의

1) 동일한 품목의 작물이라고 하더라도 형태적인 형질(키, 잎의 모양 등), 생리적인 형질(온도에 대한 반응, 병충해에 대한 저항성 등), 생태적인 형질(꽃이 피는 시기 등) 등이 서로 달라서 재배나 이용면에서 같은 단위로 취급하는 것이 편리한 개체들의 집단을 품종이라고 한다.
2) 품종은 고유한 형질을 가지고 있으므로 동일한 땅에서 동일한 방법으로 재배하여도 수확량이나 품질이 크게 다르다.
3) 품종을 선택할 때에는 특별한 특성을 가진 품종을 필요로 하지 않는 한 우선적으로 그 지역의 장려품종을 선택하는 것이 좋다.
4) 품종의 특성 중 재배와 밀접한 관련이 있는 특성을 재배적 특성이라고 하며 다음과 같은 것이 있다.
   ① 초형(草型)
      ㉠ 벼, 맥류, 옥수수 등에서 직립엽형(윗잎이 짧고 직립인 것)은 포장에서 수광능률을 높이기 때문에 유리하다.
      ㉡ 통일벼 품종은 단간직립초형으로서 내도복성이 강하고, 포장수광에 유리하다.
   ② 내비성(耐肥性)
      비료, 특히 질소비료를 많이 주어도 잘 생육할 수 있는 특성이며, 내병성, 내도복성이 강하고 포장수광에 유리한 초형을 가진 것이 내비성도 강하다.
   ③ 광지역 적응성
      적응지역이 넓을수록 품종의 관리가 편리하다.
   ④ 내도복성
      벼나 맥류는 키가 작고 줄기가 단단한 것이 내도복성이 강하다.
   ⑤ 탈립성
      벼나 맥류는 탈립이 너무 잘 되어도 바람, 운반 등에 의한 손실이 많고, 탈립이 너무 어려우면

탈곡작업이 불편하다.
⑥ 내염성(耐鹽性)
염분 농도가 높은 토양에 견디는 성질이며, 간척지의 벼농사에서는 내염성이 강한 품종이 요구된다.
⑦ 추락저항성(秋落抵抗性)
생육 후반기에 잎이 마르고 퇴색되어 가을 수확량이 줄어드는 현상을 추락현상이라고 한다. 황화수소(H_2S)에 의해 뿌리가 상하는 정도가 덜하고, 성숙이 빠른 품종이 추락저항성이 크다.
⑧ 내병성(耐病性)
병해에 강한 성질이며, 특히 벼의 줄무늬잎마름병(고엽고병)은 약제 방제가 어렵기 때문에 이 병의 발생이 심한 남부지방에서는 줄무늬잎마름병(고엽고병)에 강한 통일벼 품종이 아니면 재배가 안전하지 않다.
⑨ 수확량
수확량이 많다는 것은 우량품종의 가장 기본적인 특성이며, 수확량은 여러 가지 특성들이 종합적으로 작용하여 결정되는 경우가 일반적이다.

❷ 우량품종의 조건

(1) 우수성
우량품종은 작물학적로 우수한 특성을 가지고 있어야 한다.

(2) 균일성
품종의 우수성은 그 품종 모든 개체들이 모두 똑같이 가지고 있어야 한다.

(3) 영속성
품종의 우수한 특성은 해마다 변하지 않고 그대로 나타나야 한다.

(4) 광지역성
우수성, 균일성, 영속성이 가능한 한 넓은 지역에서 적용될 수 있어야 한다.

02 육종(품종개량)

❶ 육종의 기초

1) 종래의 품종보다 더 우량한 품종을 만들어 내는 것을 육종 또는 품종개량이라고 한다.
2) 품종의 특성 또는 형질은 세포 속에 있는 형질발현의 요인인 물질, 즉 유전질에 의해 결정된다. 유전질은 염색체, 유전자 및 세포질로 구성되어 있다.
3) 형질이 다른 것을 형질의 변이라고 한다. 형질의 변이는 유전질의 차이에 기인하기도 하고, 환경의 차이에 기인하기도 한다.
4) 형질의 변이가 유전질의 차이에 기인하고 후대에 유전될 수 있는 것을 유전적 변이라고 한다. 유전적 변이가 교잡에 의해 나타날 때 교잡변이라고 하고 교잡이 아닌 다른 원인에 의해서 나타날 때 돌연변이라고 한다.
5) 형질의 변이가 환경의 차이에 기인하여 나타나고 후대에는 유전되지 않는 변이를 환경변이라고 한다.
6) 변이에서 형질의 표현이 예를 들어 적색과 백색과 같이 뚜렷이 구별될 때 대립변이(불연속변이)라고 하며, 예를 들어 벼 품종의 키와 같이 어떤 키를 중심으로 하여 양 방향으로 비슷하게 나타나는 변이를 방황변이(연속변이)라고 한다.

❷ 육종의 방법

(1) 도입육종법

도입육종법은 다른 지역으로부터 기성 품종을 도입하여 육종의 재료로 이용하는 방법이다. 도입육종법은 적은 비용으로 단시일 내에 신품종을 얻을 수 있는 이점이 있지만 도입 전에 병충해의 감염여부를 철저히 검사하여야 한다. 특히 외국으로부터 도입할 경우에는 식물검역을 철저히 실시하고 일정기간 격리 재배함으로써 무병임이 확인된 후에 사용하여야 한다.

(2) 분리육종법(선발육종법)

재배되고 있는 품종 중에서 우수한 개체를 선발하여 새로운 품종으로 육성하는 방법이다. 분리육종법에는 순계분리법, 계통분리법, 영양계분리법 이 있다.

1) 순계분리법은 벼, 보리, 콩 등 자가수정작물에서 주로 이용된다.
   ① 자가수정작물(자식성작물)은 자가 꽃가루를 받아 수정하는 작물이다. 화기구조상 다른 꽃가루의 침입이 힘들게 되어 있거나 색이나 향기가 없어 벌, 나비를 유인하지 못하는 등 자가수정에 알맞게 진화되어 온 작물이며, 자연상태에서 자연교잡율이 4% 이하인 작물을 말한다.
   ② 재래품종은 자연교잡, 돌연변이 등으로 인하여 유전자형이 혼합된 상태로 되어 있는 경우가 많은데 이들 재래품종의 개체군 속에 들어 있는 형질 중 우수하고 유용한 순계(純系)를 가려내어 새로운 품종으로 육성하는 방법이다.
2) 계통분리법은 타가수정작물에서 많이 이용되는 방법으로 우량계통의 집단을 선발하는 방법이다. 타가수정작물은 남의 꽃가루를 받아 수정하는 작물이다. 암수 꽃의 개화기 차이, 화기의 구조, 또는 유전적으로 자가 꽃가루받이를 하면 수정이 안 되는 작물은 타가수정을 하게 된다. 타가수정하는 작물로는 옥수수, 오이, 시금치 등이 있다.
3) 영양계분리법은 영양번식이 가능한 작물에서 이용되는 방법이다. 식물체의 한 개체로부터 꺾꽂이, 휘묻이, 접붙이기, 포기나누기 등의 영양번식에 따라 증식된 개체군을 영양계라고 하며 이러한 영양계 중에서 우량한 영양계를 선발하여 분리하는 방법이 영양계분리법이다.

> **확인문제**
> 종자번식에서 자연교잡률이 4% 이하인 자식성 작물에 속하는 것은?[2회기출]
> ❶ 토마토　　② 양파　　③ 매리골드　　④ 베고니아

(3) 교잡육종법

1) 교잡육종법은 품종을 서로 교잡시킴으로써 여러 품종에 흩어져 있는 우수한 형질들을 한 품종에 몰아넣어 새로운 형질을 가진 신품종을 육성해 내는 방법이다.
2) 교잡육종법에서는 분리세대에서 우량한 변이를 발견하여 선발하는 것과 얻어진 우량한 형질이 다시 분리되지 않도록 고정시키는 것이 중요하다.
3) 계통육종법과 집단육종법은 1회 교잡 후 선발 고정하는 방법이며, 여교잡법, 다계교잡법은 여러 회 교잡 후 선발 고정하는 방법이다.
4) 계통육종법은 잡종 제1세대(F1)의 분리세대인 제2세대(F2) 이후부터 개체선발과 동시에 선발계통 재배를 반복하면서 계통들을 상호 비교하고 이 중 우등한 계통을 선발, 고정시키는 방법이다.
5) 여교잡법(back crossing)은 잡종 제1세대(F1)를 그 양친 중 어느 하나와 다시 교배시키는 방법이다. 예를 들면 A품종과 B품종의 교배에 의해 얻어진 잡종 제1세대(F1)를 그 양친인 A, B 중 어느 하나와 다시 교배시키는 방법이며 다음과 같이 표현할 수 있다. 즉, (A × B) × A 또는

(A × B) × B 의 교잡이라고 할 수 있다. 여교잡법은 비실용적인 품종이 가지고 있는 우수 형질(character)을 실용적인 품종에 옮기는 데 유용하며, 또한 몇 개의 품종에 분산되어 있는 각종 형질을 전부 가지는 신품종을 만들 때 유용하다. 만일 A품종이 수확 및 품질 측면에서 우수하나 특정 병에 약하다면 그 병에 강한 B품종을 찾아내어 A와 B를 교잡한 후 잡종 제1세대(F1)를 다시 A 또는 B와 교접하는 것이다.

6) 다계교잡법(multiple crossing)은 3개 이상의 품종에 따로따로 포함되어 있는 몇 가지 우량 형질을 한 품종에 모으고자 할 때, 즉 [(A×B)×(C×D)]×(E×F×G)와 같이 유전자형이 서로 다른 여러 품종을 교접하는 방법이다.

(4) 잡종강세육종법

1) 잡종강세육종법의 개념

   잡종강세육종법은 잡종강세가 나타나는 잡종 제1세대(F1) 그 자체를 품종으로 이용하는 품종개량법이다. 잡종 제1세대(F1)가 양친보다 왕성한 생육을 보이는 현상을 잡종강세라고 한다.

2) 잡종강세육종법의 조건
   ① 교배조합을 선택할 때 우량교배조합을 선택할 것
   ② 교배에 사용하는 양친의 순도가 유지될 것
   ③ 매년 교배할 것
   ④ 한 번 교배로 다량의 종자 생산이 가능할 것

3) 잡종강세육종법의 종류
   ① 단교잡법(single cross)
      (A×B)와 같이 교잡하는 것이다. 2품종을 교배하는 것이므로 우량교배조합의 선정이 용이하다. 단교잡법은 잡종강세현상이 뚜렷한 반면 종자의 생산량이 소량이라는 단점이 있다.
   ② 복교잡법(double cross)
      (A×B)×(C×D)와 같이 교잡하는 것이다. 단교잡에 비해 품질이 균질하지 못한 단점이 있으나 채종량이 많다는 장점이 있다.

4) 잡종강세육종법의 적용 식물
   ① 토마토, 오이, 수박, 호박, 가지 등은 인공교배를 이용한다.
   ② 웅성불임의 계통은 교잡을 할 때 제웅이 필요하지 않으므로 고추, 양파, 당근 등은 일대 잡종을 만들 때 웅성불임을 이용한다.
   ③ 무, 배추, 양배추는 자가불화합성을 이용하여 육종한다.
   ④ 옥수수, 시금치 등은 자웅이주(雌雄異株)를 이용하여 채종한다.

(5) 배수체 육종법

1) 배수체의 형성 또는 해체에서 나타나는 변이를 이용하여 신품종을 육성하는 방법이다. 한 종(種)이 가지고 있는 염색체의 기본수를 게놈(genome)이라고 하는데, 이 게놈에 해당하는 염색체의 정배수(正倍數)를 가지는 개체를 배수체라고 한다.
2) 식물에 콜히친(colchicine)처리를 하거나 아세나프텐(acenaphthene)처리를 하면 배수체가 형성되는데 이 때 성비가 변하는 등의 변이가 나타난다. 반대로 배수체가 감수분열을 할 때에도 변이가 나타난다. 이와 같이 배수체의 형성 또는 해체에서 나타나는 변이를 이용하여 신품종을 육성하는 방법이 배수체육종법이다.
3) 배수체육종법은 영양번식작물(사과나무, 히야신스, 칸나, 튤립 등)에 많이 이용된다.
4) 씨없는 수박은 3배체(3n)로서 배수체 육종법으로 육종된 경우이다.

(6) 돌연변이 육종법

1) 돌연변이 육종법은 유전자나 염색체에 X선, γ선, 또는 화학물질 등으로 인위적 돌연변이를 유발시켜 새로운 품종을 육종하는 방법이다.
2) 돌연변이란 양친 식물에 없던 형질이 유전자나 염색체 수의 변화에 의해 생겨나는 것을 말한다.

❸ GMO(Genetically Modified Organism, 유전자재조합생물체)

1) GMO(Genetically Modified Organism)는 우리말로 '유전자재조합생물체'라고 하며, 그 종류에 따라 유전자재조합농산물(GMO농산물), 유전자재조합동물(GMO동물), 유전자재조합미생물(GMO미생물)로 분류된다. 현재 개발된 GMO의 대부분이 식물이기 때문에 GMO는 통상유전자재조합농산물(GMO농산물)을 의미하기도 한다.
2) GMO는 유전자재조합기술을 이용하여 어떤 생물체의 유용한 유전자를 다른 생물체의 유전자와 결합시켜 특정한 목적에 맞도록 유전자 일부를 변형시켜 만든 것이다. 예를들어, Bt 옥수수라는 GMO옥수수는 바실러스 튜린겐시스(Bacillus thuringiensis)라는 토양미생물의 살충성 단백질 생산 유전자를 옥수수에 삽입시켜 만든다. 그 결과, 이 옥수수는 옥수수를 갉아 먹는 해충으로부터 자신을 보호할 수 있다.
3) GMO는 정부의 안전성 평가를 거쳐야만 식품으로 사용될 수 있으며, 이러한 농산물 또는 이를 원료로 제조한 식품을 유전자재조합식품(GMO식품)이라고 한다.

손해평가사 대비

제 3편 | 재배환경

01 토양환경

❶ 토성

(1) 토양입자의 입경 구분

1) 토양입자는 입경(토양입자의 지름)에 따라 모래, 미사, 점토로 나누어진다.
2) 토양입자의 입경 구분

토양입자의 구분			입경(mm)	
			미국농무성법	국제토양학회법
자갈			2.00 이상	2.00 이상
세토	모래	매우 거친 모래	2.00~1.00	
		거친 모래	1.00~0.50	2.00~0.20
		보통 모래	0.50~0.25	
		고운 모래	0.25~0.10	0.20~0.02
		매우 고운 모래	0.10~0.05	
	미사		0.05~0.002	0.02~0.002
	점토		0.002 미만	0.002 미만

3) 점토
① 토양 중의 가장 미세한 입자이며, 화학적 교질적 작용을 하며 물과 양분을 흡착하는 힘이 크고 투기, 투수를 저해한다.
② 점토나 부식은 입자가 미세하고 입경이 1μm 이하이며, 특히 0.1μm 이하의 입자는 교질(colloid)로 되어 있다.
③ 교질입자는 보통 음이온(-)을 띠고 있어 양이온을 흡착한다.
④ 토양 중에 교질입자가 많아지면 치환성 양이온을 흡착하는 힘이 강해진다.
⑤ 양이온치환용량(CEC; Cation Exchange Capacity) 또는 염기치환용량(BEC: Base Exchange

apacity): 토양 100g이 보유하는 치환성 양이온의 총량을 mg당량(me)으로 표시한 것
㉠ 토양 중 고운 점토와 부식이 증가하면 CEC도 증대된다.
㉡ CEC가 증대하면 Ca^{2+}, Mg^{2+}, NH_4^+, K^+ 등의 비료성분을 흡착 및 보유하는 힘이 커져서 비료를 많이 주어도 일시적 과잉흡수가 억제된다.
㉢ CEC가 증대하면 비료성분의 용탈이 적어서 비효가 늦게까지 지속된다.
㉣ CEC가 증대하면 토양의 완충능이 커지게 된다.

[참고] 양이온 교환현상

⑴ 토양에 흡착되어 있는 양(+)이온이 용액 중의 다른 양(+)이온과 교환되어 토지용액으로 방출되는 현상을 토양의 양이온교환현상이라고 한다.
⑵ 토양에 흡착되어 있는 양(+)이온을 교환성 양이온이라고 하며 H^+, Ca^{2+}, Mg^{2+}, NH_4^+, K^+, Na^+ 이다. 이 중 Ca^{2+}, Mg^{2+}, NH_4^+, K^+, Na^+ 는 토양을 알칼리성으로 만드는 성질이 있어 교환성 염기라고 한다.
⑶ 토양콜로이드와의 흡착력(교환침입력)은 이온의 농도가 짙을수록 크고, 2가 이온이 1가 이온보다 크다. 교환성 양이온의 토양흡착력(교환침입력)의 크기는 다음과 같다.

$$H^+ \rangle Ca^{2+} + \rangle Mg^{2+} \rangle NH_4^+ = K^+ \rangle Na^+$$

⑷ 양이온치환용량(Cation Exchange Capacity, CEC)이란 다른 양(+)이온과 교환이 가능한 형태로 토지에 흡착되어 있는 양(+)이온의 총량을 말하며 토지 1kg 당 흡착되어 있는 교환가능한 양이온 총량을 1 cmol/kg 이라고 한다.
⑸ 양이온치환용량은 점토함량, 점토광물의 종류, 유기물 함량 등에 따라 다르며 토양의 양이온치환용량이 클수록 토양의 보비력이 크고, 비효가 오래 지속되며, 토양반응의 변화에 저항하는 힘, 즉 완충능력이 증가한다.

---

(2) 토성

1) 토성이란 토양의 구성으로서 토양의 입경, 조성비율에 따라 분류한 토양의 종류를 말한다.
2) 토성별 점토함량

토성	점토함량(%)
사토(모래흙)	12.5% 이하
사양토(모래참흙)	12.5~25.0%
양토(참흙)	25.0~37.5%

식양토(질참흙)	37.5~50.0%
식토(질흙)	50.0% 이상

(3) 토성과 작물의 생육

1) 사토는 양분과 수분의 보유력이 약하여 메마르고 한해(旱害)를 받기 쉬우며 토양침식도 심하다. 따라서 사토에는 점토를 객토해야 한다.
2) 식토는 통기와 투수가 불량하고, 유기물의 분해가 늦으며 딱딱하게 굳어 경작이 힘들다.
3) 일반적으로 작물 생육에 적합한 토성은 사양토, 양토, 식양토이다.

❷ 토양의 삼상분포

토양은 고상(固相)인 토양입자, 액상(液相)인 토양수분, 기상(氣相)인 토양 공기로 구성되는데, 고상(固相), 액상(液相), 기상(氣相)을 토양의 3상이라고 한다. 작물은 고상(固相)에 의지하여 기계적 지지를 받으며, 액상(液相)에서 양분과 수분을 흡수하고, 기상(氣相)에서 이산화탄소를 흡수한다.
토양삼상의 분포는 고상 50%, 액상 25%, 기상 25%로 구성되는 것이 작물의 생육에 적합하다. 고상 50%는 무기성분 45%, 유기성분 5%로 구성된다.

❸ 토양의 구조 및 토층

(1) 토양의 구조

1) 토양을 구성하고 있는 토양입자가 배열되어 있는 상태를 토양구조라고 하며, 토양구조에는 단립구조, 입단구조 및 이상구조가 있다.
2) 단립구조는 뭉쳐지지 않은 개개의 토양입자들로만 형성된 토지구조를 말한다. 단립구조는 공기와 수분의 투과성이 좋은 장점이 있으나 보수력(保水力)이 약한 단점이 있다.
3) 입단구조는 토지입자가 모여 입단이 되고 입단들이 모여서 형성된 토지구조를 말한다. 지력의 향상을 위해서는 단립구조보다 입단구조가 조성되는 것이 바람직하다.
  입단구조는 다음과 같은 특징이 있다.
  ① 공극이 많고 투기성과 투수성이 좋으며, 양분과 수분의 보유력이 적절하여 작물 생육에 유리하다.

② 토양에 입단구조가 형성되면 입단 내의 소공극과 입단 사이의 대공극이 균형 있게 발달하여 작물의 생육에 아주 좋은 조건이 된다.
③ 소공극은 모관현상(毛管現象)을 나타내기 때문에 모관공극이라고 하며, 소공극이 발달하면 지하수의 상승이 양호하여 토양의 함수상태(含水狀態)가 좋아진다.
④ 대공극(비모관공극)이 발달하면 통기가 좋아지고, 빗물의 지하침수가 많아지는 반면 지하수 증발이 억제되어 빗물의 이용도가 높아진다.
⑤ 형성된 입단은 영구적인 것이 아니고 계속 파괴되어지기 때문에 이를 방지하기 위한 노력이 필요하다.
⑥ 입단의 파괴가 나타나는 원인으로는 건조와 습윤이 반복되어 입단의 수축과 팽창도 반복된다는 점, 나트륨이온의 첨가로 인해 점토의 결합력이 약해진다는 점, 기타 경운, 비와 바람에 의한 기계적 타격 등이다.
⑦ 다음과 같은 것은 입단의 형성을 촉진하고 입단의 파괴를 막는데 도움이 된다.
  ㉠ 유기물의 사용한다. 유기물이 분해될 때 미생물로부터 점질물질이 분비되기 때문에 토양입자 결합에 도움이 된다.
  ㉡ 석회를 사용한다. 석회는 유기물의 분해를 촉진하며 칼슘이온(Ca^{2+})은 토양입자를 결합하는 작용을 하기 때문이다.
  ㉢ 콩과작물을 재배한다. 클로버, 알팔파 등 콩과작물은 잔뿌리가 많고 석회분이 풍부하며, 토양을 잘 피복하여 입단형성에 도움이 크다.
  ㉣ 크릴륨, 아크릴소일 등 토지개량제를 사용한다.
4) 이상구조는 미세한 토양입자가 단일형태로 집합된 구조라는 점에서 단립구조와 비슷하나 건조하면 각 입자가 서로 결합하여 부정형의 흙덩이를 형성한다는 것이 단립구조와 다르다.
5) 토양의 밀도란 토양의 질량을 그가 차지하는 부피로 나눈 값이다.
  ① 알갱이 밀도(진밀도) = $\dfrac{건조한 토양의 질량}{토양 알갱이가 차지하는 부피}$
  ② 부피밀도(가밀도) = $\dfrac{건조한 토양의 질량}{(토양 알갱이가 차지하는 부피 + 토양공극)}$
  ③ 같은 토양이라도 입단이 발달되어 있는 정도에 따라 공극량이 달라지므로 부피밀도는 일정하지 않다. 그러나 알갱이 밀도는 토양의 상태에 관계없이 일정하다.
6) 공극률(%) = $(1 - \dfrac{부피밀도}{알갱이밀도}) \times 100$

(2) 토층

토양은 수직적으로 볼 때 위에서부터 작토(作土), 서상(鋤床), 심토(深土)로 층을 이루고 있다. 이를 토층이라고 한다. 작토가 깊을수록 작물의 생육에 유리하다.

확인문제
토양의 입단파괴 요인은? [1회 기출]
❶ 경운 및 쇄토   ② 유기물 시용   ③ 토양 피복   ④ 두과작물 재배

확인문제
토양 입단 파괴요인을 모두 고른 것은?[4회]

| ㄱ. 유기물 시용 | ㄴ. 피복 작물 재배 | ㄷ. 비와 바람 | ㄹ. 경운 |

① ㄱ, ㄴ   ② ㄱ, ㄹ   ③ ㄴ, ㄷ   ❹ ㄷ, ㄹ

❹ 토양수분

(1) 토양수분장력(土壤水分張力)

1) 토양입자의 표면과 토양수분간에 작용하는 인력(引力)을 토양수분장력(土壤水分張力)이라고 하며 이는 토양의 수분흡착력이라고 할 수 있다.
2) 토양수분장력은 수주(水主)의 높이로 표시하기도 하고 수주높이의 대수를 취하여 pF로 표시하기도 하며 또한 기압으로 표시하기도 한다. 수주의 높이 1,000㎝가 3pF이며 1bar에 해당된다. 수주의 높이가 높을수록, pF가 클수록, 기압이 클수록 토양의 수분흡착력이 크다.

수주의 높이 (㎝)	pF	기압(bar)
1	0	0.001
10	1	0.01
1,000	3	1
10,000,000	7	10,000

(2) 최대용수량

토양의 모든 공극에 수분이 꽉 찬 상태의 수분함량을 말하며 pF 는 0이다.

(3) 포장용수량(field capacity)

관개나 강우로 토양에 많은 물이 가해지면 과잉수의 대부분은 중력의 힘에 의해 토양공극을 통해 빠져나간다. 이러한 현상은 중력이 토양의 수분흡착력과 일치될 때 멈추게 되는데 이 때 토양에 남아 있는 수분의 총량을 포장용수량(field capacity)이라고 하며 포장용수량의 수분장력은 1.7 ~ 2.7pF이다.

(4) 초기위조점
포장용수량에서 점차 수분이 감소되면 식물이 낮에는 시들다가 밤이 되면 증산이 억제되어 다시 회복되고 하는 상태가 되는데 이때의 토양수분상태를 초기위조점이라고 하며 수분장력은 약 3.9pF이다.

(5) 영구위조점
초기위조점에서 수분이 더 감소하면 식물은 완전히 시들어서 토양에 수분을 공급하지 않는 한 회복될 수 없는 상태가 되는데 이때의 토양수분상태를 영구위조점이라고 하고 수분장력은 4.2 pF이다.

(6) 위조계수
위조점에서의 토양수분을 그 토양의 건조중량(마른 상태의 무게)으로 나누어 백분율로 표시한 값을 위조계수라고 한다.

(7) 흡수계수
토양에 포화상태로 흡착된 수분량을 그 토양의 건조중량(마른 상태의 무게)으로 나누어 백분율로 표시한 것을 흡수계수라고 한다.

(8) 수분당량(水分當量)
토양을 물로 포화시킨 다음 중력의 1,000배에 해당하는 원심력을 작용시킨 후에 그 상태에서 토양 속에 남아 있는 수분의 량을 수분당량이라고 한다.

(9) 토양수분의 형태
1) 중력수
   토양의 수분 중 포장용수량 이상의 수분을 말하며 잉여수분이다. 중력수는 중력에 의해 쉽게 하층으로 빠져버리므로 작물에 흡수·이용되기 어려운 수분이다.
2) 모관수

표면장력에 의해 흡수·유지되는 수분으로서 중력에 저항하여 토양에 남아 있는 수분이다. 이는 영구위조점 이상 포장용수량 이하의 수분이다. 모관수는 작물에 이용되는 유효수분이며 pF 는 2.7 ~ 4.2이다. 점토함량이 많은 토지일수록 유효수분의 범위가 넓다.

3) 흡착수

토양입자에 흡착되어 있는 수분으로서 영구위조점 이하의 수분이다. 흡착수는 pF 는 4.5 ~ 7 이며, 작물은 흡수하지 못하는 무효수분이다. 흡착수는 105℃이상으로 가열하면 토양입자와 분리가 가능하다.

4) 결합수

점토에 결합되어 있어 분리 할 수 없는 수분이다. 작물에는 이용할 수 없다. 결합수는 105℃이상으로 가열하여도 토양입자와 분리가 불가능하다.

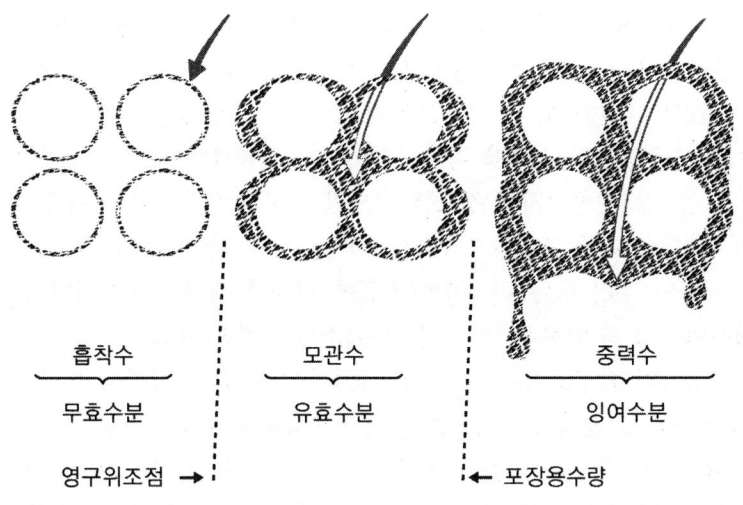

[출처 : 원예학원론, 건국대학교 출판부]

확인문제

토양수분에 관한 설명으로 옳지 않은 것은? [1회 기출]
① 결합수는 식물이 흡수·이용할 수 없다.
② 물은 수분포텐셜(water potential)이 높은 곳에서 낮은 곳으로 이동한다.
❸ 중력수는 pF 7.0 정도로 중력에 의해 지하로 흡수되는 수분이다.
④ 토양수분장력은 토양입자가 수분을 흡착하여 유지하려는 힘이다.

> **확인문제**
> 토양 수분을 pF값이 낮은 것부터 옳게 나열한 것은?[4회 기출]
>
> ㄱ. 결합수   ㄴ. 모관수   ㄷ. 흡착수
>
> ① ㄱ-ㄴ-ㄷ ② ㄴ-ㄱ-ㄷ
> ❸ ㄴ-ㄷ-ㄱ ④ ㄷ-ㄴ-ㄱ

❺ 토양공기

1) 토양의 공극 중 공기로 차 있는 공극량을 토양의 용기량(air capacity)이라고 한다. 일반적으로 모관공극은 수분으로 차 있고 비모관공극은 공기로 차 있다. 토양의 수분량과 공기량과의 관계를 보면 토양수분이 최대용수량일 때 토양의 용기량은 최소용기량이 된다.
2) 토양의 공기는 최적용기량 상태를 유지하여야 한다. 왜냐하면 어느 수준까지는 용기량이 증가할 때 작물의 생육도 좋아지지만 정도를 넘으면 오히려 생육이 떨어지기 때문이다. 일반적으로 함공기공극(含空氣孔隙)이 토양면적의 20~30% 정도인 것이 적합하다.
3) 토양공기는 식물의 뿌리 또는 미생물의 호흡에 의해서 생기는 이산화탄소 때문에 지상의 공기(대기)에 비하여 산소의 함량은 낮고 이산화탄소의 함량은 높다.
4) 지온(地溫)이 높아지면 함공기공극(含空氣孔隙)이 감소한다. 따라서 여름작물은 건조의 피해가 없는 수준에서 배수를 시켜 공기공극을 증가시켜 주어야 한다.
5) 토양통기를 요구하는 정도는 작물의 종류에 따라 다르다. 오이, 토마토, 수박, 배추 등은 통기의 요구가 많고 산소부족의 영향을 받기 쉬운 작물이며, 가지, 양파, 고추 등은 통기의 요구도가 적은 편이다.

❻ 토양온도

1) 지표의 온도는 기온과 거의 비슷하기 때문에 계절에 따라 차이가 많다. 그러나 지하토지의 온도는 토심이 깊어질수록 계절적 변화폭이 줄어든다. 일반적으로 250cm 깊이에서는 거의 차이가 없는 것으로 조사되고 있다. 이러한 사실은 원예작물을 지하에 저장할 때 참고가 될 수 있다.
2) 온도의 일교차도 토심이 깊을수록 줄어든다. 일교차에 거의 차이가 없는 토심의 정도는 토성에

따라 다른데, 식토는 약 47cm, 사토는 약 57cm로 조사되고 있다. 이러한 사실은 작물의 동해 방지를 위해 복토를 할 때 활용될 수 있다.
3) 지온(地溫)은 식물 뿌리의 생리작용에 영향을 미친다. 적절한 지온에서 뿌리의 호흡이 활발하게 이루어지고 양분흡수력도 좋다. 따라서 한랭기에는 지온을 높여주고, 혹서기에는 지온을 낮춰주는 것이 필요하다.

⑦ 토양 중의 무기성분

1) 작물 생육에 필수적인 원소는 탄소(C), 산소(O), 수소(H), 질소(N), 인(P), 칼륨(K), 칼슘(Ca), 마그네슘(Mg), 황(S), 철(Fe), 망간(Mn), 구리(Cu), 아연(Zn), 붕소(B), 몰리브덴(Mo), 염소(Cl)의 16원소이다. 이 중 질소(N), 인(P), 칼륨(K), 칼슘(Ca), 마그네슘(Mg), 황(S)의 6원소는 작물생육에 다량으로 소요되는 원소인데 이를 다량원소라고 한다. 그리고 철(Fe), 망간(Mn), 구리(Cu), 아연(Zn), 붕소(B), 몰리브덴(Mo), 염소(Cl) 등은 미량원소이다.
2) 필수원소 중 자연함량이 부족하여 인위적으로 공급할 필요가 있는 것을 비료요소라고 하는데, 비료요소는 질소(N), 인(P), 칼륨(K), 칼슘(Ca), 마그네슘(Mg), 철(Fe), 망간(Mn), 아연(Zn), 붕소(B) 등이다. 이 중에서 인위적 공급의 필요성이 가장 큰 질소(N), 인(P), 칼륨(K)을 비료의 3요소라고 한다.
3) 필수원소의 주요작용
① 탄소(C), 산소(O), 수소(H)는 엽록소의 구성원소이다.
② 질소(N)는 녹색식물의 엽록소, 단백질, 각종 분열조직, 종자의 중요한 구성요소이다. 작물에 질소가 결핍되면 잎이 작고 황색으로 변하며 작물의 생장 및 발육이 저하된다. 질소결핍증상은 늙은 부분에서 먼저 나타나고 생장점에서는 마지막으로 나타난다. 한편 질소가 과다하면 세포벽이 얇아져 작물의 저항력이 떨어지고 개화가 지연된다.
③ 인(P)은 식물의 세포핵 분열조직 및 식물 생리상 중요한 효소의 구성요소이며 특히 뿌리의 발육을 촉진하는 작용을 한다. 인(P)이 결핍되면 뿌리의 생장이 정지되고 작물의 잎은 암록색으로 변하며 말라서 떨어지게 된다. 과실류는 신맛이 강하고 단맛이 적은 불량과가 된다.
④ 칼륨(K)은 세포 내에 수분을 공급하고 지나친 증산에 의한 수분상실을 제어하는 작용을 하며 여러 가지 효소반응의 활성제로서 작용한다. 결핍되면 잎에 갈색 반점이 생기고 줄기가 연약해지며 결실이 저하된다. 칼륨(K)이 지나치게 과다하면 칼슘과 마그네슘의 흡수가 저해된다.
⑤ 칼슘(Ca)은 세포막의 주성분이며 단백질의 합성, 물질 전류에 관여한다. 칼슘은 식물의 잎에 함유량이 많으며 체내에서 이동하기 힘들다. 토양 중에 칼슘이 과다하면 마그네슘, 철, 아연 등의 흡수가 저해된다. 또한 칼슘이 결핍되면 뿌리나 눈의 생장점이 붉게 변하고, 배추의 잎마름병, 사과의 고두병, 토마토의 배꼽썩음병, 땅콩의 공협(종실이 맺혀 있지 않은 빈꼬투리.)이 발생한

다.
⑥ 마그네슘(Mg)은 엽록소의 구성원소이며, 결핍되면 황백화 현상이 나타나고 종자의 성숙이 저하된다.
⑦ 황(S)은 단백질, 아미노산, 효소 등의 구성성분이며 엽록소의 형성에 관여한다. 결핍되면 엽록소의 형성이 억제된다.
⑧ 철(Fe)은 호흡효소의 구성성분이며 엽록소의 형성에 관여한다. 결핍되면 어린 잎부터 황백화하여 엽맥 사이가 퇴색한다. 엽맥은 줄기에서 갈라진 관다발 끝이 잎살 사이를 누비듯 가늘게 가지 친 것을 말한다. 옆맥은 잎을 지지하며, 수분의 통로(도관)와 양분 및 동화물질의 통로(체관)가 된다. 철(Fe)이 결핍되면 엽맥 사이가 퇴색되고 양수분의 이동이 저해된다.
⑨ 망간(Mn)은 동화물질의 합성·분해, 호흡작용, 광합성 등에 관여한다. 결핍되면 엽맥에서 먼 부분이 황색으로 변한다. 그러나 망간이 과다하면 줄기, 잎에 갈색의 반점이 생기고 뿌리가 갈색으로 변한다. 사과의 적진병은 망간과다가 원인이 되기도 한다.
⑩ 구리(Cu)는 광합성, 호흡작용에 관여하며 엽록소의 생성을 촉진한다. 결핍되면 황백화, 괴사, 조기낙과 등을 초래한다.
⑪ 아연(Zn)은 촉매 또는 반응조절물질로 작용하며 단백질과 탄수화물의 대사와 엽록소 형성에 관여한다. 결핍되면 황백화, 괴사, 조기낙엽 등을 초래한다. 감귤류에서는 잎무늬병, 소엽병, 결실불량 등을 초래한다.
⑫ 붕소(B)는 촉매 또는 반응조절물질로 작용하며 석회결핍의 영향을 감소시킨다. 붕소가 결핍되면 분열조직이 괴사하는 경우가 있다.
⑬ 몰리브덴(Mo)은 질소환원효소의 구성성분이다. 결핍되면 모자이크병 증세가 나타난다.
⑭ 염소(Cl)는 광화학반응의 촉매로 작용한다.

확인문제

작물재배에 있어서 질소(N)에 관한 설명으로 옳지 않은 것은? [3회 기출]
① 질산태(NO_3^-)와 암모늄태(NH_4^+)로 식물에 흡수된다.
② 작물체 건물 중의 많은 함량을 차지하는 중요한 무기성분이다.
③ 콩과작물은 질소 시비량이 적고, 벼과작물은 시비량이 많다.
❹ 결핍증상은 늙은 조직보다 어린 생장점에서 먼저 나타난다.

확인문제

작물의 생육과정에서 칼슘결핍에 의해 나타나는 증상으로만 짝지어진 것은?[3회 기출]
❶ 배추 잎끝마름증상, 토마토 배꼽썩음증상
② 토마토 배꼽썩음증상, 장미 로제트증상
③ 장미 로제트증상, 고추 청고증상
④ 고추 청고증상, 배추 잎끝마름증상

확인문제
토마토의 생리장해에 관한 설명이다. 생리장해와 처방방법을 옳게 묶은 것은?[4회 기출]

> 칼슘의 결핍으로 과실의 선단이 수침상(水浸狀)으로 썩게 된다.

① 공동과 - 엽면 시비 ② 기형과 - 약제 살포
❸ 배꼽썩음과 - 엽면 시비 ④ 줄썩음과 - 약제 살포

확인문제
과수작물에서 무기양분의 불균형으로 발생하는 생리장해는?[4회 기출]
① 일소   ② 동록   ③ 열과   ❹ 고두병

8 토양유기물

1) 동물과 식물의 잔재인 토양유기물은 미생물에 의해 분해된다.
2) 유기물의 주요한 공급원은 퇴비, 구비, 녹비, 고간류 등이다. 짚류, 풀, 낙엽과 기타 비료성분이 들어 있는 여러 가지 재료를 모아 퇴적하여 부식시킨 것이 퇴비이며, 자운영, 클로버, 알팔파, 호밀, 귀리 등과 같이 비료성분이 풍부하여 유기질비료로 사용되는 작물이다. 외양간에서 나오는 두엄. 즉 짚, 건초 등이 가축의 배설물과 함께 섞여 있는 거름이 구비이고, 벼, 보리, 밀, 조와 같은 곡류의 수확 후 남은 잎과 줄기가 고간류 (짚)이다.
3) 토양유기물의 중요한 기능은 다음과 같다.
   ① 유기물 분해시 미생물이 분비하는 폴리우로니드라는 점액물질은 토립을 접착시켜 입단구조 형성을 도모한다.
   ② 유기물(부식콜로이드)은 양분을 흡착하는 힘이 강하다. 따라서 토양의 보비력, 보수력, 통기를 증대시킨다.
   ③ 유기물은 분해되어 토양에 질소, 인, 칼륨, 망간, 구리 등의 양분을 공급한다.
   ④ 유기물은 분해되면서 이산화탄소(CO_2)를 방출하는데 이로 인해 작물 주변 대기의 이산화탄소(CO_2)농도를 높여 광합성을 촉진한다.
   ⑤ 유기물(부식콜로이드)은 토양반응의 변화에 완충적 작용을 하므로 유기물은 토양의 완충능력을 증대시킨다. 완충능력이 큰 토양은 산성이나 알칼리성으로 쉽게 변하지 않으므로 안전영농을 할 수 있다.

⑥ 유기물은 미생물의 영양원이 되어 유용한 미생물의 번식을 조장한다.
⑦ 부식과정에서 얻어지는 흑갈색 색소인 멜라닌에 의해 토양의 색깔이 변하며 따라서 지온상승효과가 있다.

❾ 토양반응

(1) 토양반응의 의의

1) 토양이 산성인가, 알칼리성인가 하는 것을 토양반응이라고 한다. 토양반응은 토양의 산도(pH)로써 측정하는데 pH 7을 기준으로 하여 7보다 작으면 산성, 7보다 크면 알칼리성, 7은 중성이다.
2) 산도를 측정하는 방법에는 지시약법과 전기적 방법이 있는데 지시약법은 용액법과 리트머스 시험지법이 있다. 리트머스 시험지법은 산성이면 리트머스시험지가 적색으로 변한다.
3) 전기적 방법은 전기전도도(EC)로써 측정한다. 토양의 염류농도가 클수록 전기전도도(EC)가 크다.

(2) 토양이 산성으로 변하는 원인

1) 산기를 가지고 있는 물질이 흘러 들어와서 토양이 산성화된다.
   공장의 폐수가 토양으로 흘러들어오거나 아황산가스가 공중에서 빗물에 녹아 토양에 떨어지는 경우 등이다.
2) 습기가 많은 곳에서 침엽수의 잎이 썩게 되면 토양이 산성으로 변한다. 이렇게 형성된 토지를 산성부식토라고 한다.
3) 토양의 염기가 빠져나가서 토양이 산성화될 수 있다. 토양이 지니고 있는 석회(Ca^{2+}), 고토(Mg^{2+}), 칼리(K^+) 등과 같은 토양염기가 물에 씻겨 내려가 토양에서의 염기가 줄어들 경우 토양이 산성으로 변한다.

(3) 산성토양에 대한 작물의 적응성

1) 극히 강한 것 : 벼, 밭벼, 귀리, 토란, 아마, 기장, 땅콩, 감자, 수박 등
2) 강한 것 : 메밀, 옥수수, 목화, 당근, 오이, 완두, 호박, 토마토, 밀, 조, 고구마, 담배 등
3) 약간 강한 것 : 유채, 파, 무 등
4) 약한 것 : 보리, 클로버, 양배추, 근대, 가지, 삼, 겨자, 고추, 완두, 상추 등
5) 가장 약한 것 : 앨팰퍼, 콩, 자운영, 시금치, 사탕무, 셀러리, 부추, 양파 등

(4) 산성토양의 피해
1) 산성토양은 수소이온의 농도가 높아 작물의 생육에 해롭다.
2) 산성토양속에는 알루미늄이나 망간의 성분이 많아 작물에 해를 준다.
3) 산성토양에서는 철분이 물에 녹아 작물의 뿌리를 둘러싸게 되어 뿌리의 양분흡수를 방해한다.
4) 산성토양이 되면 인(P), 칼슘(Ca), 마그네슘(Mg), 몰리브덴(Mo), 붕소(B) 등 필수원소가 부족하게 되어 작물의 생육이 나빠진다.
5) 산성토양에서는 인산의 효과가 줄어든다.
6) 강한 산성이나 강한 알카리성은 근류균(뿌리혹박테리아)이나 미생물의 활동을 어렵게 한다. 따라서 질소고정을 어렵게 하여 질소를 부족하게 만든다.
7) 산성토양에서는 미생물의 활동이 저하되어 유기물의 분해가 나빠지고 토양의 입단형성이 저해된다.

(5) 산성토양의 개량방법
1) 석회가루, 백운석가루, 탄산석회가루, 조개껍질 가루, 규회석가루 등과 같은 알카리성 물질을 보충해 준다.
2) 퇴비나 녹비 등과 같은 유기물을 토양에 주면 미생물이 잘 자라게 되어 산성토양의 피해를 줄일 수 있다.
3) 용성인비, 석회질소 등 염기성 비료를 시비한다.

확인문제
재배 시 산성토양에 가장 약한 작물은? [3회 기출]
① 벼   ❷ 콩   ③ 감자   ④ 수박

확인문제
토양에 석회를 사용하는 주요 목적은?[4회 기출]
① 토양 피복   ② 토양 수분 증가
❸ 산성토양 개량   ④ 토양생물 활성 증진

⑩ 토양미생물

(1) 토양미생물이 작물생육에 미치는 유리한 작용

1) 토양미생물은 유리질소를 고정한다. 대기 중에는 질소가 78%정도 존재하지만 식물은 이 질소를 직접 이용하지 못하고 토양으로부터 암모늄(NH_4^+)이나 질산태(NO_3^-)의 이온형태로 뿌리에서 흡수하게 된다. 공기 중의 유리질소가 토양중의 미생물에 의해 고정되고 유기질소화합물로 변화되는 과정을 질소고정이라 하며 유리질소를 고정하는 미생물에는 독립생활을 하는 단서질소고정균으로서 아조토박터(azotoqacter), Azotomonas, 크로스트리디움(clostridium)이 있고 다른 생물과 공생하는 공서질소고정균으로서 Rhizobium(뿌리혹박테리아 = 근류균)이 있다. Azotobacter, Azotomonas 등은 호기상태(통기성이 좋은 토양 상태)에서 유리질소를 고정하며, Clostridium 등은 혐기상태(통기성이 좋지 않은 토양 상태)에서 유리질소를 고정한다.
2) 토양미생물은 유기물을 분해하여 암모니아와 여러 가지 양분을 생성한다.
3) 토양미생물은 암모니아를 질산으로 변화시킨다.
4) 토양미생물은 인산의 용해도를 높이는 등 무기성분을 변화시킨다.
5) 토양미생물은 가용성 무기성분을 동화하여 유실을 방지한다.
6) 토양미생물은 토양의 입단을 형성한다.
7) 토양미생물은 호르몬성 생장촉진물질을 분비한다.

(2) 토양미생물이 작물생육에 미치는 유해 작용

1) 작물에 병을 발생케 한다.
2) 유해한 환원성 물질을 생성한다.
3) 탈질작용(脫窒作用)을 일으킨다.
   질산태질소는 탈질세균에 의해 환원되어($NO_3 \rightarrow NO \rightarrow N_2$) 일산화질소(NO)나 질소가스($N_2$)가 되어 대기 중으로 날아가게 되는데 이같은 현상을 탈질현상이라고 한다.
4) 미생물과 작물 간에 양분의 쟁탈이 생긴다.

(3) 유용한 토양미생물의 활동은 토양의 통기가 좋고, 토양의 습도가 적절하며, 토양의 온도가 27~28℃ 정도이고, 토양반응은 중성~미산성일 때 활발하게 일어난다. 그리고 작물의 경작에 이롭지 못한 토양미생물은 윤작, 담수, 배수, 토양소독 등을 통하여 줄일 수 있다.

⑪ 토양환경의 개선

(1) 논토양의 특징

1) 논에 물이 차 있을 때에는 표토는 물에 녹아 있는 산소에 의해 산화되어 갈색을 띤다. 산화층 밑에 있는 작토는 여전히 환원상태로 남아 있어 회색 또는 청회색을 띤다.

2) 산화환원전위(Eh)
   ① 토양의 산화 또는 환원된 정도는 산화환원전위(Eh)로 나타내는데 산화환원전위는 토양이 산화될수록 높아지고, 환원될수록 낮아진다.
   ② 담수 전에는 산성이었던 토양도 환원되면 pH가 높아진다. pH가 높아지면 Eh 값은 낮아진다.

3) 양분의 유효화
   ① 논이 물에 잠겨 있으면 유기물이 축적되는 경향이 있으며, 물이 빠지면 유기태 질소가 분해되어 질소는 흡수되기 쉬운 형태로 변한다.
   ② 물속에서 환원상태가 발달하면 토양에 있던 인산이 흡수되기 쉬운 상태로 된다. 즉 환원상태가 발달하면 인산철의 3가 철이 2가 철로 환원되는데 2가 철로 결합된 인산철은 3가 철로 결합된 인산철보다 더 쉽게 용해되기 때문에 인산이 흡수되기 쉬운 상태, 즉 양분의 유효도가 증가한다.
   ③ 토양에 있는 여러 원소의 존재형태

원소	산화상태	환원상태
탄소(C)	CO_2	메탄(CH_4), 유기산물
질소(N)	질산염(NO_3^-)	질소(N_2), 암모니아(NH_4^+)
망간(Mn)	Mn^{4+}, Mn^{3+}	Mn^{2+}
철(Fe)	Fe^{3+}	Fe^{2+}
황(S)	황산(SO_4^{2-})	황화수소(H_2S), S
인(P)	인산(H_2PO_4), 인산알루미늄($AlPO_4$)	인산이수소철($Fe(H_2PO_4)_2$), 인산이수소칼슘($Ca(H_2PO_4)_2$)
산화환원전위(Eh)	높다	낮다

4) 논토양에서의 탈질 현상
   ① 비료로 사용한 암모니아 또는 토양 유기물이 분해되어 생긴 암모니아는 환원층에서는 암모늄태(NH_4^+)로 안정하게 존재하지만 산화층에서는 질산화 작용에 의하여 질산태질소(NO_3^-)로 산화된다.

② 질산태질소(NO_3^-)가 환원층으로 이행되면 환원되어 탈질현상이 일어나 질소가 손실된다.

③ 따라서 질소질 비료를 논에 시용할 때에는 심층시비하여 환원층에 시비되도록 하는 것이 비료의 이용률을 높이는 방법이 된다.

4) 관개수에 의한 양분 공급

논에 관개되는 물에는 여러 가지 종류의 양분이 녹아 있다. 관개수에 함유된 양분의 농도는 낮다 해도, 많은 양의 물이 공급되므로 관개수에 의하여 토양은 적지 않은 양분을 공급받게 된다.

(2) 바람직한 논토양의 성질

1) 작토는 작물의 뿌리가 자유롭게 뻗어 양분을 흡수하는 곳으로 15 ~ 20 ㎝ 가 바람직하다.
2) 유효토심은 뿌리가 작토 밑으로 더 뻗어 나갈 수 있는 깊이로서 밑의 자갈층 까지를 말하며 30 ㎝ 이상인 것이 바람직하다.
3) 투수성이 불량하면 산소공급이 어렵고 유해물질이 집적되기 쉬우며, 투수성이 지나치면 양분의 유실이 많아진다.
4) 토성은 투수성과 보비력 등을 고려할 때 사양토 또는 식양토가 바람직하다.

(3) 논토양의 개량

1) 저위생산 논의 개량

충분한 시비와 노력에도 불구하고 벼의 수확량이 얼마 되지 않는 논을 저위생산 논 이라고 하며 노후화 토양, 물빠짐이 심한 누수토양, 물빠짐이 나쁜 질흙토양 등이다.

2) 노후화 논과 그 개량

① 논의 작토 층으로부터 철분과 염기가 용탈 제거되어 생산력이 몹시 떨어진 논을 노후화 논이라 한다. 노후화된 논의 작토층에는 철이 부족하고, 질소, 인산, 칼륨, 석회, 마그네슘, 망간, 규산 등이 부족한 경향이 있으므로 이들을 공급해 주어야 한다.

② 노후화 논의 벼는 초기에는 건전하게 보이지만, 벼가 자람에 따라 깨씨무늬병의 발생이 많아지고 점차로 아랫잎이 죽으며, 가을 성숙기에 이르러서는 윗잎까지도 죽어 버려서 벼의 수확량이 감소하는 경우가 있는데, 이를 추락현상이라 한다.

③ 추락현상이 나타나는 것은 황 화합물로부터 발생한 황화수소(H_2S)가 유해한 작용을 하기 때문이다. 작토층에 충분한 양의 활성 철이 있으면, 황화수소는 황화철(FeS)로 침전되므로 황화수소의 유해한 작용은 나타나지 않지만 노후화 논은 작토층으로부터 활성철이 용탈되어 있기 때문에 황화수소를 불용성의 황화철로 침전시킬 수 없어 추락 현상이 발생하는 것이다.

3) 누수답과 그 개량

① 작토의 깊이가 얕고, 밑에는 자갈이나 모래층이 있어 물빠짐이 심하며, 보수력이 약한 논을 누

수답이라고 한다.
② 누수답의 특징
  ㉠ 지온상승이 느리다.
  ㉡ 작토의 깊이가 얕다.
  ㉢ 물빠짐이 심하고 보수력이 약하다.
  ㉣ 점토분이 적고 토성도 좋지 않다.
  ㉤ 양분의 용탈이 심하여 쉽게 노후화 토양으로 된다.
③ 누수답의 개량하기 위해서는 객토 및 유기물을 시용하고, 바닥 토층을 밑다듬질 하는 것이 바람직하다.

4) 식질 논과 그 개량
① 식질 논의 특징
  ㉠ 통기성이 불량하다.
  ㉡ 산소가 부족하여 미생물의 활동이 억제되고 분해되지 못한 유기물이 집적된다.
  ㉢ 단단한 점토의 반층 때문에 뿌리가 잘 뻗지 못한다.
  ㉣ 배수불량으로 유해물질 농도가 높아진다.
② 식질 논은 가을갈이를 하고, 유기물을 시용하여 토양의 구조를 떼알로 하여 불량한 성질을 개량하도록 하는 것이 바람직하다.

(4) 밭 토양의 특징

1) 경사지에 많이 분포되어 있어 침식이 쉽고 유효토심이 얕다.
2) 관개를 하지 않아 양분의 천연공급량은 낮다.
3) 연작장해가 많다.
4) 강우로 인하여 양분이 용탈되기 쉽고 특히 염기의 용탈로 밭 토양은 산성화 되기 쉽다.

(5) 바람직한 밭 토양

1) 밭토양에서 나타나기 쉬운 산성이 되지 않고, 인산과 미량 원소의 결핍 등의 문제가 없는 토양이 바람직한 토양이다.
2) 작토는 20㎝ 이상, 유효 토심은 50㎝ 이상인 것이 바람직하다.
3) 토양의 공극은 대공극과 소공극이 고루 갖추어 진 것이 좋다.
4) 밭 작물은 대체로 미산성 내지 중성의 반응을 좋아한다.

(6) 밭 토양의 개량

1) 밭 작물은 연작의 피해가 나타나기 쉬우므로 윤작(돌려짓기)를 하는 것이 바람직하다. 콩과 식물 또는 심근성 식물로 돌려짓기하는 것은 토양의 지력을 향상시킬 뿐만 아니라 토양의 입단구조를 촉진하는 효과가 있다.
2) 밭 토양은 용탈에 의해 산성화 되기 쉽고, 미량원소가 결핍되기 쉬우므로 석회를 사용하여 산성을 중화하고 퇴비를 사용하여 미량원소를 공급하는 것이 바람직하다.
3) 작토는 20cm 이상, 유효 토심은 50cm 이상인 것이 바람직하므로 깊이갈이를 하는 것이 좋다.

(7) 간척지 토양의 개량

1) 간척지 토양은 다량의 염분을 보유하고 있다. 따라서 토양용액의 삼투압이 높아 뿌리의 수분 흡수를 저해한다.
2) 간척지 토양은 점토가 과다하고 나트륨 이온이 많아서 토양의 투수성과 통기성이 매우 불량하다.
3) 제염법으로 침수법(물을 10여일간씩 깊이 대어 염분을 녹여서 배출), 명거법(도랑을 내어 염분이 도랑으로 씻겨 내려가게 하는 것), 여과법(땅속에 암거를 설치하여 염분을 여과 시키는 것) 등이 있다.
4) 내염재배는 염분이 많은 간척지 토양에 적응하는 재배법이다.
   ① 내염성이 강한 작물 및 품종을 재배한다.
   ② 조기재배 및 휴립재배 한다.
   ③ 논에 물을 말리지 않고 자주 환수한다.
   ④ 석회, 규산석회, 규회석 등을 충분히 시비한다.
   ⑤ 작물의 내염성 정도

	밭작물	과수
강	사탕무, 유채, 양배추, 목화	
중	앨팰퍼, 토마토, 수수, 보리, 벼, 밀, 호밀, 아스파라거스, 시금치, 양파, 호박	무화과, 포도, 올리브
약	완두, 셀러리, 고구마, 감자, 가지, 녹두	배, 살구, 복숭아, 귤, 사과

02 온도환경

① 개념

(1) 유효온도와 최적온도

1) 작물의 생육이 가능한 온도의 범위를 유효온도라고 한다. 즉, 유효온도는 생육의 최저온도부터 생육의 최고온도까지에 해당된다.
2) 작물이 가장 왕성하게 생육되는 온도를 최적온도라고 한다.
3) 유효온도와 최적온도는 작물에 따라 다르다. 시설원예에서 온도관리를 할 때 각 작물별 유효온도의 범위를 벗어나지 않도록 하여야 하며 최적온도를 유지할 수 있도록 관리하여야 한다.

(2) 적산온도

작물이 발아할 때부터 성숙이 끝날 때까지의 전체기간동안, 기준온도 이상의 일평균기온을 모두 합한 것을 적산온도라고 한다. 기준온도는 일반적으로 0℃이지만 여름작물은 10℃이다.
적산온도는 같은 품종이라도 성숙시기와 재배장소 등에 따라 다르다.

(3) 온도계수

1) 온도는 작물의 광합성작용이나 호흡 등과 같은 생리작용에 영향을 준다.
일반적으로 최저온도에서 최적온도에 이를 때 까지는 온도가 상승하면 작물의 각종 생리작용도 상승하게 된다. 온도가 10℃ 상승함에 따른 생리작용 반응속도의 증가 배수를 온도계수라고 하며 Q_{10}으로 표현한다.
2) 광합성작용의 온도계수와 호흡작용의 온도계수를 비교함으로써 탄소동화물질의 식물체 내 축적 가능성을 알아볼 수 있다. 광합성작용의 Q_{10}이 1.2이고 호흡량의 Q_{10}이 2이라면 광합성에 의한 탄수화물의 생성증가보다 호흡에 의한 탄수화물의 소모증가가 더 크다는 것을 의미하며, 따라서 동화물질의 체내축적은 이루어지지 못한다. 반대로 광합성작용의 Q_{10}이 2.2이고, 호흡량의 Q_{10}이 2이라면 광합성에 의한 탄수화물의 생성증가가 호흡에 의한 탄수화물의 소모증가보다 더 크다는 것을 의미하며, 따라서 동화물질의 체내축적이 이루어진다는 것을 의미한다.

❷ 온도와 작물의 생리작용

1) 최적온도에 이르기까지는 온도가 높아지면 광합성량은 증가한다. 그러나 최적온도 이상으로 온도가 높아지면 광합성은 둔화된다.
2) 온도가 오르면 호흡량이 증가한다. 그러나 대부분의 작물은 30℃를 넘어서면 호흡작용이 둔화되고 50℃ 정도에서는 호흡이 정지된다.
3) 따라서 최고의 광합성과 정상적인 호흡작용이 일어나 다량의 탄수화물이 생육에 이용되어 최대의 수확량을 낼 수 있는 온도는 최적온도 범위이다.
4) 수확량은 탄수화물의 총량에 의해 결정되는데 탄수화물의 총량은 광합성량에서 호흡량을 뺀 것이다.

   그림에서 A점과 D점은 광합성량과 호흡량이 같으므로 작물 생육에 이용되는 탄수화물은 0이다. 작물이 계속 생육하기 위해서는 광합성량이 호흡량보다 많아야 하기 때문에 A~D점의 온도가 유효온도이다. 그리고 B~C점의 온도가 최적온도이다.

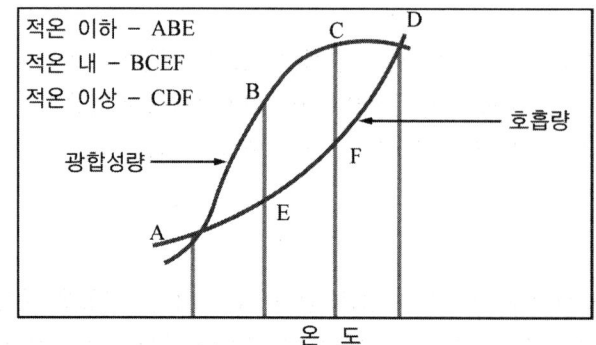

[출처 : 원예학원론, 건국대학교 출판부]

5) 온도가 상승하면 증산작용이 증가한다. 증산작용이란 작물 내의 수분이 잎의 기공을 통하여 수증기 형태로 배출되는 것을 말한다. 식물체의 증산작용은 수분과 양분의 흡수를 조정하고 체온을 조절하는 역할을 한다.
6) 최적온도에 이르기까지는 온도가 상승할수록 동화물질의 전류가 활발하게 이루어진다. 광합성에 의해 잎에서 생성된 탄수화물을 동화물질이라고 하고 이 물질들이 저장기관(뿌리채소의 뿌리, 열매채소의 열매 등) 또는 소비기관으로 이동하는 것을 동화물질의 전류라고 한다.
7) 광합성은 주로 낮에 이루어지고 호흡은 낮과 밤에 계속되므로 낮에 생성된 광합성 산물이 밤에도 호흡에 의해 계속 소모된다. 낮과 밤의 온도 차이는 광합성 산물의 체내축적에 영향을 준다.

❸ 호랭성(好冷性)작물과 호온성(好溫性)작물

1) 최적온도가 7.2 ~ 15.5℃인 작물을 호랭성작물이라고 한다. 사과, 배, 앵두, 자두, 나무딸기, 아스파라거스, 시금치, 상추, 양배추, 당근, 완두, 감자, 카네이션, 오랑캐꽃, 안개풀, 스와인소니아 등은 호랭성작물이다.
2) 최적온도가 18.3 ~ 24℃인 작물을 호온성작물이라고 한다. 복숭아, 살구, 올리브, 야자, 무화과, 감, 고구마, 토마토, 고추, 오이, 가지, 수박, 호박, 장미, 백합, 난, 히야신스, 안스리움 등은 호온성작물이다.

확인문제

다음 ( )안에 들어갈 내용을 순서대로 옳게 나열한 것은?[1회]

식물의 생육이 가능한 온도를 ( )(이)라고 한다. 배추, 양배추, 상추는 ( )채소로 분류되고, ( )는 종자 때부터 저온에 감응하여 화아분화가 되며, ( )는 고온에 의해 화아분화가 이루어진다.

① 생육적온, 호온성, 배추, 상추　　❷ 유효온도, 호냉성, 배추, 상추
③ 생육적온, 호냉성, 상추, 양배추　　④ 유효온도, 호온성, 상추, 배추

확인문제

호냉성 채소작물은? [3회]
① 상추, 가지　② 시금치, 고추　③ 오이, 토마토　❹ 양배추, 딸기

확인문제

B씨가 저장한 화훼는? [4회]

B씨가 화훼류를 수확하여 4℃ 저장고에 2주간 저장한 후 출하·유통하려 하였더니 저장전과 달리 저온장해가 발생하였다

① 장미　② 금어초　③ 카네이션　❹ 안스리움

④ 저온요구도

낙엽과수는 이른 가을쯤부터 휴면에 들어가는데, 휴면을 타파한 후에만 발아가 가능하다. 휴면타파를 위해서는 일정한 저온에 노출되어야 하는데 이것을 저온요구도라고 한다. 예를 들면 사과는 7.2℃ 이하의 온도에서 1,400 ~ 1,600시간, 감은 800 ~ 1,000시간을 지나야 휴면이 타파되어 발아한다. 즉, 사과는 감보다 저온요구도가 더 크다.

⑤ 부적당한 온도의 영향

(1) 열해

1) 작물이 생육최고온도 이상의 고온으로 인하여 받는 피해를 열해라고 하며, 이때에는 증산량이 급격히 증가하여 식물체가 위조현상을 나타내기도 한다. 위조현상이란 식물이 시드는 현상이다.
2) 생육최고온도 이상의 고온으로 1시간 정도의 단시간에 작물이 고사하는 것을 열사라고 하며 열사의 원인은 다음과 같다.
   ① 한계 이상의 고온이 되면 원형질의 단백질이 열응고하게 되어 원형질이 사멸한다.
   ② 한계 이상의 고온이 되면 원형질막이 액화되고 이에 따라 원형질막의 작용이 상실되어 세포생리가 붕괴되어 사멸한다.
   ③ 한계 이상의 고온이 되면 작물체내의 전분이 점괴화(끈끈하게 엉김)되어 엽록체가 응고하고 기능을 상실한다.
3) 작물이 열해에 견디는 성질을 내열성(耐熱性)이라고 한다.
   ① 세포내의 결합수가 많고 유리수가 적으면 내열성이 커진다.
   ② 세포질의 점성이 증가하면 내열성이 커진다.
   ③ 세포의 염류농도가 높을수록 내열성이 커진다.(사막의 다육식물)
   ④ 지유함량이 많은 지방성 종자는 내열성이 강하다.
4) 열해의 대책으로는 다음과 같은 것이 있다.
   ① 재배의 시기를 조절하여 혹서기를 피한다.
   ② 지표면에 관개하여 지온을 낮춘다.
   ③ 짚이나 풀로 피복하여 지온의 상승을 억제한다.
   ④ 질소비료를 과용하면 작물이 연약하게 자라므로 질소비료의 과용을 피한다.

(2) 목초의 하고현상

1) 특히 북방형의 목초는 내한성은 강하나 내열성이 약하여 여름철에 기온이 24℃가 넘으면 생육이 정지되고 하고현상이 나타난다. 여름철의 고온에서 목초의 생장이 쇠퇴 또는 정지되고 심한 경우에는 고사하여 여름철의 목초 생산량이 크게 줄어들게 되는 것을 목초의 하고현상이라고 한다.
2) 북방형 목초는 봄철에 생육이 왕성하여 목초의 생산량이 집중되는데, 이것을 스프링 플러시(spring flush)라고 한다. 스프링플러시(spring flush)의 경향이 심할수록 하고현상도 조장되므로 봄철 일찍부터 채초를 하거나 방목을 하여 스프링 플러시(spring flush)를 완화시켜 주는 것은 하고현상에 대한 하나의 대책이 될 수 있다.

(3) 냉해

여름작물이 생육 상 고온이 필요한 여름철에 냉온을 만나게 되어 받게 되는 피해를 냉해라고 한다. 온대의 여름작물은 작물의 종류에 따라 1~10℃에서 냉해를 입는다. 냉해를 입게 되면 착과불량, 잎과 과실의 반점, 생장의 정지 등이 나타난다.

(4) 동해

1) 저온에 의하여 작물의 조직내에 결빙이 생김으로써 받게 되는 피해를 동해라고 한다.
2) 작물의 조직내 결빙은 즙액 농도가 낮은 세포간극에 먼저 생기는데 이와 같이 세포간극에 결빙이 생기는 것을 세포외 결빙이라고 한다. 세포외 결빙으로 세포내의 수분이 세포 밖으로 이동하게 된다. 이에 따라 세포내의 염류농도가 높아지고 세포내의 수분이 부족하게 되면 원형질단백이 응고하여 세포는 죽게 된다.
3) 결빙이 더욱 진전되어 세포내의 원형질, 세포액이 얼게 되는 것을 세포내 결빙이라고 한다. 세포내 결빙이 생기면 원형질 구조가 파괴되어 세포는 죽게 된다.
4) 작물이 동해에 견디는 성질을 작물의 내동성(耐冬性)이라고 한다.
   ① 세포 내의 자유수 함량이 많으면 세포 내 결빙이 생기기 쉬우므로 내동성이 저하된다.
   ② 세포액의 삼투압이 높아지면 빙점이 낮아지므로 세포내 결빙이 적어진다.
   ③ 칼슘이온(Ca^{2+})과 마그네슘이온(Mg^{2+})은 세포내 결빙을 억제하는 작용을 한다.
   ④ 월동하는 작물이 5℃ 이하의 저온에 계속 노출되게 되면 내동성이 커지는데 이를 경화라고 한다.
   ⑤ 경화상실(Dehardeninig) : 경화된 것을 다시 높은 온도에 처리하면 내동성이 약해진다. 이를 내동성 상실이라고 한다.
   ⑥ 휴면상태에서는 내동성이 매우 강하다.

확인문제

작물 재배 중 온도의 영향에 관한 설명으로 옳은 것은?[2회]
① 조직 내에 결빙이 생겨 탈수로 인한 피해가 발생하는 것을 냉해라고 한다.
② 세포 내 유기물 생성이 증가하면 에너지 소비가 심해져 내열성은 감소한다.
③ 춘화작용은 처리기간과 상관없이 온도의 영향을 받는다.
❹ 탄소동화작용의 최적온도 범위는 호흡작용보다 낮다.

확인문제

다음 설명이 틀린 것은?[4회]
① 동해는 물의 빙점보다 낮은 온도에서 발생한다.
❷ 일소현상, 결구장해, 조기추대는 저온장해 증상이다.
③ 온대과수는 내동성이 강한 편이나, 열대과수는 내동성이 약하다.
④ 서리피해 방지로 톱밥 및 왕겨 태우기가 있다

03 광(光) 환경

❶ 광의 종류와 작물의 생육

적외선은 발아와 화아를 유도하며 자외선은 광합성을 억제한다. 또한 가시광선은 광합성을 유도하는데 가시광선 중 파장 650~700nm의 적색부분과 파장 400~500nm의 청색부분에서 광합성작용이 가장 활발하게 이루어진다.

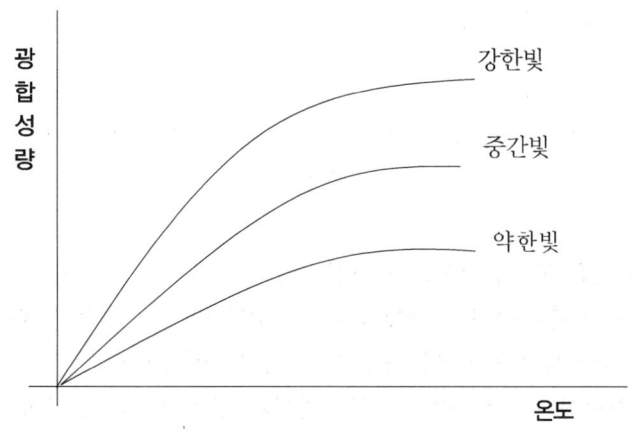

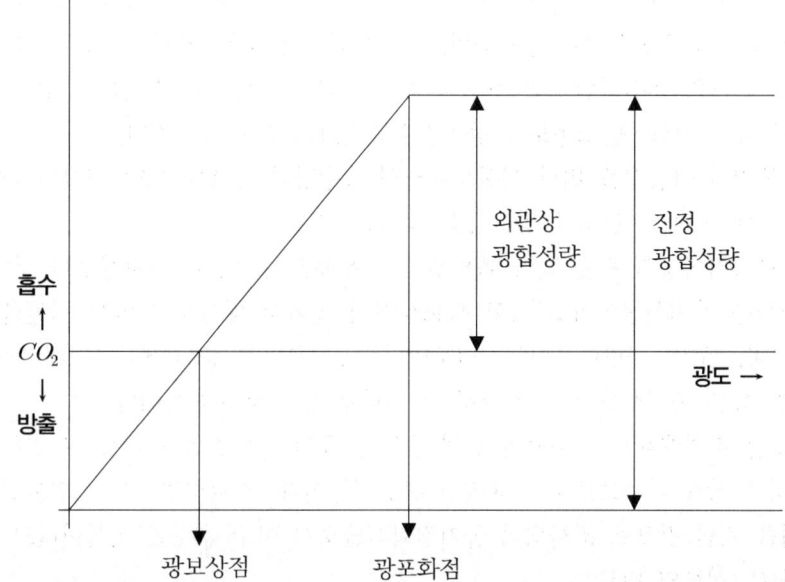

❷ 광과 작물의 생리작용

(1) 광합성

1) 광합성이란 녹색식물(엽록체)이 광에너지를 이용하여 공기 중에 있는 이산화탄소(CO_2)와 뿌리에서 흡수한 물(H_2O)로부터 포도당을 합성하고 물(H_2O)과 산소(O_2)를 방출하는 생화학적 대사작용을 말한다.

광합성의 방정식은 다음과 같다.

$$6CO_2 + 12H_2O + 빛(광에너지) \xrightarrow[온도]{엽록소} C_6H_{12}O_6 + 6H_2O + 6O_2$$

2) 광합성의 과정은 명반응과 암반응으로 구분된다.
   엽록소가 광에너지를 흡수하여 화학에너지인 ATP를 만드는 과정이 명반응이며, ATP를 이용하여 이산화탄소를 고정시켜 포도당을 만드는 과정이 암반응이다.
3) 광의 강도는 태양광선의 20% 광도까지는 광도가 증가할수록 광합성도 비례적으로 증가한다. 그러나 광도가 어느 한계에 도달하면 광도가 증가한다하여도 광합성은 증가하지 않게 되는데, 이 한계점에 해당되는 광도를 광포화점이라고 한다. 따라서 광포화점에 도달할 때까지는 광도가 증가함에 따라 광합성량이 증가하며, 광포화점에서 광합성량은 최대가 된다고 할 수 있다.
4) 광포화점은 온도와 이산화탄소의 농도에 따라 달라지는데, 온도가 높아질수록 광포화점은 낮아지고, 공기 중의 이산화탄소농도가 높아질수록 광포화점도 높아진다.
5) 광도가 약해지면 광합성을 위한 이산화탄소의 흡수량과 호흡에 의한 이산화탄소의 방출량이 동일하게 되는데, 이때의 광도를 광보상점이라고 한다.
6) 식물은 광보상점이상의 광을 받아야만 생육을 계속할 수 있다. 광보상점이 낮아서 그늘에도 적응하는 식물을 음지식물이라고 하고 광보상점이 높아서 내음성이 약한 식물을 양지식물이라고 한다. 강남콩, 딸기, 사탕단풍나무, 너도밤나무, 고무나무, 드라세나, 디펜바키아, 스킨답서스, 스파티필럼 등은 음지식물이고, 소나무, 측백나무 등은 양지식물이다.
7) 스킨답서스는 수경재배도 가능하며 실내 습도를 유지하는 천연가습기로 유명하다.
8) 스파티필럼은 상록 다년초로서 대표적인 관엽식물이다. 스파티필럼은 오염물질 제거에 있어 탁월한 능력을 지닌 것으로 조사되어 공기정화식물로서 아주 우수한 식물이라고 할 수 있다.
9) C_3 식물과 C_4 식물의 비교

C_3 식물	C_4 식물
① CO_2를 기공을 통해 흡수함과 동시에 광합성에 이용한다. ② 광호흡으로 부족한 CO_2를 공급한다. 광호흡이란 루비스코(Rubisco)라는 효소에 의해 광을 받으면 산소가 소모되고 CO_2가 방출되는 현상이다. ③ 콩, 벼, 밀 과 같은 온대식물은 C_3 식물에 해당된다.	① CO_2를 체내에 저장하였다가 광합성에 이용한다. ② 광호흡은 하지 않는다. ③ 옥수수, 사탕수수와 같은 고온, 건조한 지역의 작물은 C_4 식물에 해당된다.

10) CAM(crassulacean acid metabolism)식물
    ① CAM(crassulacean acid metabolism)식물은 탄소 고정과 에너지 생성이 시간을 다르게 하여 나타나는 식물이다.
    ② 밤 동안 기공을 열어 광합성에 필요한 CO_2를 저장하였다가 명반응이 가능한 낮 시간에 이를 이용하여 포도당을 생산하는 식물이다.
    ③ 낮 시간에 기공을 닫음으로써 수분의 손실을 최소화하고 CO_2 농도를 높여 광호흡도 저해해 준다.
    ④ 파인애플, 사막에서 볼 수 있는 선인장류(cactus)나 다육질 식물(즙이 많은 식물들), 돌나물과(Crassulaceae)의 식물이 속한다.

확인문제

( )에 들어갈 내용은?[2회]

작물의 광합성에 의한 이산화탄소의 흡수량과 호흡에 의한 이산화탄소의 방출량이 같은 지점의 광도를 ( )이라 한다.

① 광반응점   ❷ 광보상점   ③ 광순화점   ④ 광포화점

---

(2) 호흡작용

1) 호흡작용은 체내 저장 양분을 소모하는 과정이라고 할 수 있다. 생물체는 호흡작용을 통해 에너지를 획득한다. 호흡작용의 반응식은 아래와 같으며, 호흡작용의 결과 생성된 ATP는 가수분해되어 1분자당 7.3 ㎉의 에너지를 발생한다.

$$C_6H_{12}O_6 + 6O_2 \rightarrow 6CO_2 + 6H_2O + ATP$$

2) 광합성에 의해 생성된 탄수화물 중 호흡에 의해 소모되는 것을 제외한 나머지가 체내에 축적된다. 이러한 흡수작용은 광이 없어도 이루어진다.
3) 호흡으로 발산되는 CO_2량을 호흡에 필요한 O_2량으로 나눈 것을 호흡계수(호흡률)라고 하며 RQ라는 기호를 사용한다. 즉, 호흡계수 RQ = CO_2 / O_2이다.
4) RQ의 크기는 호흡기재로 사용되는 것이 무엇인가에 따라 다르다. 포도당이 호흡기질로 쓰일 때 호흡계수는 1이며, 포도당에 비해 산소가 많은 물질이 호흡기질로 쓰이면 호흡계수는 1보다 크다. 단백질이 호흡기질로 쓰이면 호흡계수는 0.8, 지방이 호흡기질로 쓰이면 호흡계수는 0.7

정도이다.
5) 호흡과 광합성을 비교하면 다음과 같다.

광합성	호흡
광합성이 이루어지는 장소는 엽록체이다.	호흡이 이루어지는 장소는 미토콘드리아(mitochondria)이다.
빛이 있을 때 광합성이 이루어진다.	호흡은 항상 이루어진다.
이산화탄소를 흡수하고 산소를 방출한다.	산소를 흡수하고 이산화탄소를 방출한다.
무기물을 유기물로 변화시킨다.	유기물을 무기물로 변화시킨다.
에너지를 저장한다.	에너지를 방출한다.
흡열	방열
동화작용	이화작용

(3) 굴광현상

1) 식물의 줄기는 광을 받는 쪽이 옥신의 농도가 낮아져서 성장속도가 반대쪽보다 늦다. 그리하여 줄기는 광을 향해 구부리는 향광성(向光性)을 보인다. 반대로 뿌리는 배광성(背光性)을 나타낸다. 이와 같이 식물이 광의 방향에 반응하여 굴곡하는 것을 굴광현상이라고 한다.
2) 굴광성에는 400~500nm 특히 440~480nm의 청색광이 가장 유효하게 작용한다.

(4) 기타의 생리작용

1) 작물은 광(光)을 받으면 체온이 높아져서 증산작용이 활발해진다.
2) 작물은 광(光)을 받아 탄소동화작용을 하고 이에 따라 탄수화물이 축적되면 공변세포의 삼투압이 높아져서 흡수작용이 활발해진다. 잎의 앞뒤 표면에는 탄산가스, 수분 등의 통로가 되는 기공이 있는데 이 기공을 구성하는 한 쌍의 세포가 공변세포이다.
3) 작물은 광(光)을 잘 받으면 탄수화물의 축적이 많아져서 신장이 커지고, 식물체 내의 탄수화물과 질소의 비율을 나타내는 C/N율이 커지므로 개화가 촉진된다.
4) 사과, 포도, 딸기 등의 착색은 안토시아닌의 발현에 의한 것인데 안토시아닌은 비교적 저온과 광(光)을 잘 받을 때 많이 생성된다.

❸ 부족한 광(光)이 작물에 미치는 영향

1) 광도가 부족하면 광합성률이 저하된다. 따라서 생장과 소출에 필요한 탄수화물의 생성량이 줄어들게 되고 결과적으로 수확량이 감소하게 된다.
2) 광(光)이 부족하면 엽록소의 형성이 저해되고, 에티올린(etiolin)이라는 담황색 색소가 형성되어서 황백화현상(etiolation)을 일으킨다.
3) 부족한 광도의 피해를 방지하기 위해서는 작물의 재식거리를 조절하여 그늘 속에 있는 잎이 없도록 하여야 한다. 이랑의 방향은 남북으로 하는 것이 동서로 하는 것보다 수광량(受光量)이 많아 유리하다. (동서이랑이 수광시간은 길지만, 낮 시간의 수광량은 남북이랑이 많다). 또한 흐린 날에 적색전등으로 보광(補光)하는 것이 필요한 경우도 있다.

❹ 과도한 광(光)이 작물에 미치는 영향

1) 광도가 지나치게 과도하면 엽록소의 함량이 줄어들어 잎이 황록색으로 변하고 결과적으로 광합성률이 감소하게 된다. 이러한 현상을 과연소작용이라고 한다.
2) 광도가 지나치게 과도하면 엽온(葉溫)이 현저하게 높아져 증산율이 증가하게 되는데 수분흡수율이 이를 따라 주지 못하면 공변세포가 팽윤을 잃게 되고 CO_2흡입량이 줄어들게 되어 광합성률이 떨어지게 된다.
3) 과도한 광도의 피해를 방지하기 위해서는 여름에 온실지붕을 발로 덮어주거나 식물을 발 또는 천으로 그늘지게 해주어야 한다.

확인문제

작물 외관의 착색에 관한 설명으로 옳지 않은 것은? [3회]
① 작물 재배 시 광이 없을 때에는 에티올린(etiolin)이라는 담황색 색소가 형성되어 황백화현상을 일으킨다.
② 엽채류에서는 적색광과 청색광에서 엽록소의 형성이 가장 효과적이다.
③ 작물 재배 시 광이 부족하면 엽록소의 형성이 저해된다.
❹ 과일의 안토시안은 비교적 고온에서 생성이 조장되며 볕이 잘 쬘 때에 착색이 좋아진다.

04 수분환경

❶ 상품내용

(1) 작물의 생리작용과 수분

1) 수분은 식물체의 중요한 구성물질이며 식물의 체제유지를 가능케 하는 것도 수분이다. 일반적으로 과일은 85~95%가 수분이며, 종자에도 10% 이상의 수분이 함유되어 있고 원형질에도 75% 이상의 수분이 함유되어 있다.
2) 수분은 원형질의 생활 상태를 유지하는 역할을 한다. 원형질은 살아 있는 세포의 내용물이며 세포질과 핵으로 구성되어 있다.
3) 수분은 작물이 필요로 하는 물질을 흡수 가능한 상태인 수용액으로 만드는 작용을 한다. 즉, 수분은 양분의 이동과 흡수가 가능하도록 용매역할을 한다.
4) 수분은 체내 물질의 분포를 고르게 하는 운반체의 역할을 한다.
5) 수분은 광합성의 원료가 되는 등 필요한 물질을 합성·분해하는 매개체가 된다.
6) 작물에 수분이 충분히 공급되면 수분흡수율과 증산율이 일치하게 된다. 이때는 기공이 활짝 열리고 이산화탄소가 기공을 통해 충분히 흡수되어서 광합성이 활발하게 이루어진다.
7) 작물에 수분공급이 부족하면 기공이 닫혀 광합성률이 감소한다.
8) 수분공급이 증산량보다 많은 경우에는 식물이 도장(徒長)하고 연약하게 되어 병에 걸리기 쉽다. 도장이란 웃자람이라고도 하며 식물이 키만 크고 연약하게 자라는 현상을 말한다. 광선이 부족하거나 습기가 많은 환경에서 많이 나타난다. 따라서 수분과잉시는 배수를 철저히 하여 유효수분량을 줄이고, 솎아주기를 하여 증산작용을 촉진시킬 필요가 있다.

확인문제

식물체 내 물의 기능으로 옳지 않은 것은?[2회]
① 세포의 팽압 형성 ❷ 감수분열 촉진
③ 양분 흡수와 이동의 용매 ④ 물질의 합성과 분해과정 매개

❷ 수분의 흡수

1) 수분은 수분퍼텐셜이 높은 곳에서 낮은 곳으로 이동한다.
2) 식물체내의 수분퍼텐셜은 삼투퍼텐셜과 압력퍼텐셜에 의해 좌우된다.

> 식물체내(세포)의 수분퍼텐셜 = (-)삼투퍼텐셜 + 압력퍼텐셜

3) 삼투퍼텐셜은 삼투압에 의한 세포 흡수력을 의미한다. 식물세포는 삼투압에 의하여 외부로부터 수분을 흡수한다. 반투막을 중심으로 농도가 낮은 쪽의 용액이 농도가 높은 용액 쪽으로 빨려 들어가는 현상을 삼투라고 하고 삼투를 일으키는 압력을 삼투압이라고 한다. 세포의 원형질막은 반투막이다. 반투막은 용액 중의 용매(溶媒)만을 통과시키고 용질(溶質)은 통과시키지 않는 막을 말한다.
4) 압력퍼텐셜은 막압에 의해 세포 밖으로 수분을 밀어내는 힘이다. 삼투에 의해 세포 내에 수분이 증가하면 세포 외로 수분을 배출하는 압력이 생기는데 이를 막압이라고 한다.
5) 토양의 수분흡수력을 매트릭퍼텐셜이라고 하며 식물체내로의 수분 흡수는 식물체내의 수분퍼텐셜과 매트릭퍼텐셜의 차이에 의해 결정된다.
6) 삼투퍼텐셜과 압력퍼텐셜이 같으면 식물체내(세포)의 수분퍼텐셜이 0이 되므로 팽만상태가 되고 식물체내(세포)의 수분퍼텐셜과 삼투퍼텐셜이 같으면 압력퍼텐셜이 0 이 되므로 원형질분리가 일어난다.
7) 식물의 뿌리는 근모(根毛)가 있어 아주 넓은 흡수면으로서 수분 흡수가 가능하다. 근모(根毛)는 흡수면을 넓힐 수 있도록 뿌리의 표피가 변화된 것이다. 일반적으로 심근성(深根性)작물이 천근성(淺根性)작물보다 가뭄에 강하다. 아스파라거스, 토마토, 수박, 호박 등은 심근성작물이며, 샐러리, 상추, 양파 등은 천근성작물이다.

❸ 수분의 배출

(1) 증산

1) 뿌리로부터 흡수된 물이 지상부의 표면을 통해 수증기 상태로 날아가는 것을 증산이라고 한다.
2) 공기 중의 상대습도가 낮으면 공기가 수증기를 많이 흡수할 수 있는 조건이 되므로 작물의 증산작용이 더욱 왕성해진다.
3) 기온이 높아지면 증산작용이 왕성해진다.

4) 미풍은 증산활동을 왕성하게 하고, 강풍은 기공을 닫히게 하여 증산작용을 오히려 억제한다.
5) 식물의 증산작용은 일반적으로 밤보다 낮에 더욱 왕성하다. 낮은 밤보다 광도가 높고 광도가 높으면 엽면온도도 높아져서 기공이 많이 열리기 때문이다.

(2) 일액현상(溢液現象)

잎의 선단이나 가장자리에 있는 수공을 통하여 수분이 액체상태로 흘러나가는 현상을 일액현상(溢液現象)이라고 한다.

(3) 일비현상(溢泌現象)

줄기가 절단되거나 도관부에 상처가 나면 그 부위에서 수액이 흘러나가게 되는데 이러한 현상을 일비현상(溢泌現象)이라고 한다.

❹ 작물의 요수량

1) 작물의 건물(乾物) 1g을 생산하는 데 소비된 수분량을 요수량이라고 한다.
2) 건물(乾物) 1g을 생산하는 데 소비된 증산량을 증산계수라고 한다. 수분소비량과 증산량은 대체로 일치하므로 요수량과 증산계수는 동의어로 사용되고 있다.
3) 대체로는 요수량이 적은 작물은 건조한 토양과 한발에 대한 저항성이 강하며, 요수량이 많은 작물은 관개의 필요성이 크다. 옥수수, 수수, 기장은 요수량이 적고, 호박, 앨팰퍼, 클로버, 완두, 오이는 요수량이 많다.

> **확인문제**
>
> 건물 1g을 생산하는 데 필요한 수분량인 요수량(要水量)이 가장 높은 작물은?
> ① 기장　　② 옥수수　　③ 밀　　❹ 호박

⑤ 관계와 배수의 방법

(1) 관개의 방법

1) 지표관개

지표면에 물을 흘려 대는 방법을 지표관개라고 하며, 전면관개와 휴간관개가 있다. 전면관개는 지표면 전면에 물을 대는 방법이고 휴간관개는 이랑을 세우고, 이랑 사이에 물을 대는 방법이다.

2) 살수관개

공중으로부터 물을 뿌려 관개하는 방법을 살수관개라고 하며, 다공관관개, 스프링클러관개 등이 있다. 다공관관개는 파이프에 작은 구멍을 여러 개 내어 살수하여 방법이고 스프링클러관개는 스프링클러를 이용하여 살수하는 방법이다.

3) 지하관개

지하로부터 수분을 공급하는 방법을 지하관개라고 한다.

(2) 배수의 방법

1) 객토법

객토하여 지반을 높여서 자연적으로 배수가 이루어지게 하는 방법이다.

2) 기계배수

인력, 축력, 풍력, 기계력 등을 이용해서 배수하는 방법이다.

3) 개거배수

포장 내 와 포장 둘레에 도랑을 쳐서 배수하는 방법이다.

4) 암거배수

지하에 암거를 설치하여 배수하는 방법이다.

05 대기환경

❶ 작물의 생육과 질소

1) 질소는 녹색식물의 엽록소, 단백질, 각종 분열조직 및 종자의 중요한 구성성분이다. 따라서 작물이 질소가 결핍되면 잎이 황색으로 변하고 작아진다. 또한 질소가 결핍되면 작물의 생육이 저하된다.
2) 공기 중에는 다량의 질소가 함유되어 있다. 공기는 질소 78.31%, 산소 20.80%, 이산화탄소 0.03%, 기타 소량의 수증기, 먼지, 미생물 등을 함유하고 있다.
3) 공기 중에 함유되어 있는 질소 가스는 근류균(根瘤菌), azotobacter, azotomonas 등과 같은 질소고정균에 의해 고정되어 작물에 이용된다.
4) 공기 중에 함유되어 있는 질소는 화학적으로 고정시켜 질소비료를 생산하는 데 이용된다.

❷ 작물의 생육과 산소

1) 공기 중에 함유되어 있는 산소는 작물의 호흡작용에 이용된다.
2) 호흡작용은 유기물질을 산화적 인산화 과정을 통해 생명유지에 필요한 아데노신3인산(ATP)의 형태로 변환하는 기능을 한다.
3) 작물은 호흡과정에서 산소를 흡수하고 이산화탄소를 방출한다.

❸ 작물의 생육과 이산화탄소

1) 이산화탄소는 광합성의 주재료가 된다. 일광(日光)이 충분한 조건하에서 이산화탄소농도를 높여주면 광합성이 증대되어 수확량이 증가한다.
2) 그러나 이산화탄소농도가 어느 정도까지 높아지면 그 이상 높아져도 광합성은 증대하지 않는데 이때의 이산화탄소농도를 이산화탄소포화점이라고 한다. 이산화탄소포화점은 공기 중의 이산화탄소농도의 7 ~ 10배 (0.2% ~ 0.3 %) 정도이다.
3) 작물이 생장을 계속하기 위해서는 이산화탄소보상점 이상의 이산화탄소농도가 필요하다. 이산

화탄소보상점이란 광합성에 의한 탄수화물의 생성속도와 호흡에 의한 탄수화물의 소모속도가 일치할 때의 이산화탄소농도를 말한다. 이산화탄소보상점은 공기 중의 이산화탄소농도의 1/10 ~ 1/3 (0.003 % ~ 0.01 %) 정도이다.

4) 온도와 이산화탄소농도를 적절히 조절하면 광포화점을 더욱 높여 줄 수 있다. 일조가 약할 때에는 광합성량이 햇볕의 강도(광도)에 정비례하여 증가하지만 햇볕의 강도(광도)가 강해져서 어느 일정 한계의 광도가 되면 그 이상 광도가 증가하여도 광합성량은 증가하지 않는데 이때의 광도를 광포화점이라고 한다.

5) 이산화탄소농도는 지표면에 가까울수록 높고, 위로 올라 갈수록 낮다. 따라서 작물이 지나치게 밀생한 경우에는 솎아 주기를 하여 바람이 통하게 함으로써 지표면에 가라앉아 있는 이산화탄소가 위쪽으로 이동할 수 있도록 해 줄 필요가 있다.

④ 작물의 생육과 공기습도

1) 공기습도가 높으면 잎에서 생성된 자당이 과실로 전류되지 못한다. 장마철에 과실의 맛이 달지 않는 이유는 장마철에 공기습도가 높기 때문이다.
2) 일반적으로 공기습도가 낮을수록 증산활동은 활발해진다.
3) 공기습도는 공기 중의 수증기함량을 말하며 상대습도로써 측정한다.

$$R = \frac{e}{E} \times 100 (\%)$$
R : 상대습도, E : 포화수증기압, e : 특정 온도에서의 공기의 수증기압

⑤ 작물의 생육과 바람

1) 바람의 강도가 4 ~ 6 km/h 이하의 약한 바람을 연풍이라고 한다. 연풍(軟風)는 작물의 증산활동을 자극하고 기공을 넓혀 이산화탄소가 많이 흡입되도록 하여 광합성을 증가시킨다.
2) 연풍은 꽃가루 매개를 도와준다.
3) 연풍은 과다한 습기를 제거하여 줌으로써 병해를 줄이고, 수확물의 건조를 촉진한다.
4) 강풍(强風)은 작물에 상처를 주어 작물의 호흡을 증대시켜 탄수화물의 소모를 많게 한다.
5) 강풍은 과다한 증산을 유발하며 식물체를 건조시키고, 이에 따라 기공이 닫혀 이산화탄소의 흡수가 줄어들어 광합성이 감소된다.

MEMO

제 4 편 | 작물의 생육

01 작물의 생장과 발육

❶ 생장과 발육의 개념

1) 작물의 여러 기관이 양적(量的)으로 증대하는 것을 생장(生長)이라고 하고 발아, 화성, 결실, 성숙 등 질적 변화(質的 變化)를 통해 작물이 완성되어지는 과정을 발육(發育)이라고 한다.
2) 생장과 발육은 개념상 구분이 가능하지만 서로 독립적인 것이 아니며 밀접한 상호관련성을 가지고 있기 때문에 생장과 발육을 합쳐 생육(生育)이라고 한다.
3) 생육과정은 영양생장과정과 생식생장과정으로 구분할 수 있는데, 종자가 발아되어 화아(꽃눈)가 형성될 때 까지를 영양생장, 화아 형성 이후부터 결실이 이루어질 때까지를 생식생장이라 한다.
4) 생장은 분열조직에서의 세포분열을 통해 이루어진다. 분열조직은 생장점, 형성층, 절간분열조직이 있는데 생장점은 길이생장에 관여하고 형성층은 부피생장에 관여한다. 절간분열조직은 성숙한 조직 사이의 절간에 존재하면서 분열기능을 계속 유지하는 조직이다.
5) 일반적으로 작물의 생장속도는 발아 후 처음에는 느리다가 어느 정도 지나면 급격히 빨라지고, 성숙단계에 이르면 아주 느리게 나타난다. (S자 생장곡선)
6) 포도, 복숭아, 매실, 무화과, 블루베리 등의 과실의 생장곡선은 이중(二重)S자생장곡선으로 나타난다. 즉, 생장이 활발한 두 시기 사이에 생장이 아주 느리거나 거의 없는 시기가 있어 생장이 3단계로 명확히 구분된다.

❷ 작물의 발육과정에 관한 이론

Lysenko는 1934년, 작물의 발육과정에 관한 이론을 발표하였는데 이를 상적발육설(相的發育說)이라고 한다. 발육의 각 단계를 상(相, 발육상, developement phase)이라고 한다. 상적발육설의 주요내용은 다음과 같다.
  1) 생장과 발육은 서로 다른 현상이다. 생장은 양적증가이고, 발육은 질적변화를 의미한다.

2) 종자식물의 전발육단계는 개개의 단계, 즉 상(phase)으로 구성되어 있다.
3) 전 단계의 발육상을 경과하지 못하면 다음의 발육으로 이행되지 않는다.
4) 하나의 작물이 개개의 발육상을 완료하려면 각 발육상에 따라 서로 다른 환경조건을 필요로 한다.

③ 화성유기의 요인

(1) 화성유기의 요인은 작물 내적인 요인과 작물 외적인 요인으로 나누어 볼 수 있는데, 작물 내적인 요인으로 C/N율, 식물호르몬인 개화호르몬(플로리겐, Florigen) 등이 있으며 작물 외적인 요인으로는 춘화(vernalization), 일장효과 등이 있다.

(2) C/N율
1) 식물체 내의 탄수화물과 질소의 비율을 C/N율이라고 한다.
2) 질소가 부족하지 않은 상태에서 C/N율이 높을 때 식물의 화성과 결실이 좋아진다.
3) 질소의 공급이 풍부해도 탄수화물의 생성이 불충분하면 C/N 율이 낮아 화성과 결실이 이루어지지 않고 식물의 생장도 미약하다. 이 경우에는 탄수화물의 생성을 촉진하기 위하여 일조상태를 개선하고 병해충 방제를 통한 잎의 보호 등이 필요하다.
4) 질소의 공급이 풍부하고 탄수화물의 생성도 풍부하게 이루어지면 식물의 생장은 왕성할 것이나, C/N 율이 높지 않기 때문에 화성과 결실은 불량하다.

(3) 개화호르몬
개화호르몬(Florigen) 즉, 플로리겐은 잎에서 생성되어 줄기를 통해 생장점으로 이행되어서 꽃눈분화를 일으킨다.

(4) 춘화(vernalization)
1) 종자나 어린 식물을 저온처리하여 꽃눈분화를 유도하는 것을 춘화(vernalization)라고 한다.
2) 최아종자(싹틔운 종자)의 시기에 춘화하는 것이 효과적인 식물을 종자춘화형 식물이라고 하고, 녹채기(엽록소 형성시기, 본엽 1~3매의 어린 시기)에 춘화하는 것이 효과적인 식물을 녹식물춘화형 식물이라고 한다. 맥류, 무, 배추, 시금치 등은 종자춘화형 식물이며, 양배추, 당근 등은 녹식물 춘화형 식물이다.
3) 추파맥류는 종자춘화형 식물이며, 최아종자를 저온처리하여 봄에 파종하면 좌지현상(座止現象)

이 나타나지 않고 정상적으로 출수한다. 좌지현상(座止現象)이란 잎이 무성하게 자라다가 결국 이삭이 생기지 못하는 현상을 말하는데 추파형 품종을 봄에 파종하면 좌지현상이 나타난다. 그러나 춘화처리를 통해 좌지현상이 방지된다.

4) 춘화에 필요한 온도와 기간은 작물과 품종의 유전성에 따라 차이가 크다. 대체로 배추는 −2~−1℃에서 33일 정도, 시금치는 0~2℃에서 32일 정도이다.
5) 춘화처리 중간에 급격한 고온에 노출되면 춘화의 효과를 상실하게 되는데 이를 이춘화(離春花)라고 한다. 저온처리의 기간이 길수록 이춘화하기 힘들고 어느 정도의 기간이 지나면 고온에 의해서 이춘화되지 않는데 이를 춘화효과의 정착이라고 한다.
6) 이춘화(離春花)된 경우에도 다시 저온처리하면 춘화가 되는데 이를 재춘화(再春花)라고 한다.
7) 춘화의 효과를 나타내기 위해서는 온도 이외에도 산소의 공급이 절대적으로 필요하며, 종자가 건조하거나 배(胚)나 생장점에 탄수화물이 공급되지 않으면 춘화효과가 발생하기 힘들다.

확인문제

식물의 종자가 발아한 후 또는 줄기의 생장점이 발육하고 있을 때 일정기간의 저온을 거침으로써 화아가 형성되는 현상은? [1회]
① 휴지　　　　❷ 춘화　　　　③ 경화　　　　④ 좌지

확인문제

다음이 설명하는 현상은? [4회]

○ 온도자극에 의해 화아분화가 촉진되는 것을 말한다.
○ 추파성 밀 종자를 저온에 일정기간 둔 후 파종하면 정상적으로 출수할 수 있다.

❶ 춘화 현상　　② 경화 현상　　③ 추대 현상　　④ 하고 현상

---

(5) 일장효과

1) 일장(日長, day-length)이란 하루 24시간 중 낮의 길이를 말한다. 일반적으로 일장이 14시간 이상일 때를 장일(long-day), 12시간 이하일 때를 단일(short-day)이라고 한다.
2) 일장은 식물의 화아분화, 개화 등에 영향을 미치는데 이러한 현상을 일장효과라고 한다.
3) 식물의 화성을 유도할 수 있는 일장을 유도일장(誘導日長)이라고 하고, 화성을 유도할 수 없는 일장을 비유도일장이라고 하며, 유도일장과 비유도일장의 경계가 되는 일장을 한계일장이라고 한다. 한계일장은 식물에 따라 다르다.

4) 장일상태에서 화성이 촉진되는 식물을 장일식물이라고 한다. 장일식물의 최적일장과 유도일장은 장일 쪽에 있고 한계일장은 단일 쪽에 있다. 시금치, 양파, 양귀비, 상추, 감자 등은 장일식물이다.
5) 단일상태에서 화성이 촉진되는 식물을 단일식물이라고 한다. 단일식물의 최적일장과 유도일장은 단일 쪽에 있고 한계일장은 장일 쪽에 있다. 국화, 콩, 코스모스, 나팔꽃, 사르비아, 칼랑코에, 포인세티아 등은 단일식물이다.
6) 일정한 한계일장이 없고 화성은 일장에 영향을 받지 않는 식물을 중성식물(중일성식물)이라고 한다. 고추, 가지, 당근, 강낭콩, 토마토 등은 중성식물이다.
7) 특정한 일장에서만 화성이 유도되는 식물로서 2개의 명백한 한계일장이 존재하는 식물을 정일성식물(定日性植物, 중간식물)이라고 한다. 사탕수수의 F-106이란 품종은 12시간에서 12시간 45분의 일장에서만 개화한다.
8) 처음 일정기간은 장일이고, 뒤의 일정기간은 단일이 되어야 화성이 유도되는 식물을 장단일식물이라고 하며 밤에 피는 쟈스민은 대표적인 장단일식물이다.
9) 처음 일정기간은 단일이고, 뒤의 일정기간은 장일이 되어야 화성이 유도되는 식물을 단장일식물이라고 하며. 프리뮬러, 딸기, 초롱꽃 등은 대표적인 단장일식물이다.
10) 일장효과의 재배적 활용은 다음과 같다.
    ① 만생종(생육기간이 길고 수확기가 늦은 품종) 벼는 단일식물이므로 조파조식(早播早植)하면 수확량을 증대할 수 있다.
    ② 가을국화는 단일식물이므로 단일처리하면 개화가 촉진되고 장일처리하면 개화가 억제된다. 8~9월에 개화하는 가을국화를 앞당겨 개화시키려면 차광하여 단일처리하고, 개화를 지연시키려면 조명하여 장일처리하면 된다.
    ③ 양파, 마늘은 장일처리하면 인경 발육이 촉진된다.
    ④ 장일은 시금치의 추대를 촉진한다.
    ⑤ 단일처리를 하면 감자의 괴경과 다알리아의 괴근, 고구마의 괴근 형성이 촉진된다.
    ⑥ 단일은 마늘의 2차생장(벌마늘)을 증가시킨다.
    ⑦ 삼은 단일에 의해 성전환이 된다. 이를 이용하여 섬유질이 좋은 암그루만 생산할 수 있다.
    ⑧ 오이. 호박은 단일처리하면 암꽃수가 증가하고, 장일처리하면 수꽃수가 증가한다. 오이. 호박은 단일처리하여 암꽃의 발생을 높이면 착과량을 증대시킬 수 있다.
    ⑨ 고구마의 순을 나팔꽃에 접목하여 단일처리를 하면 고구마 꽃의 개화가 유도되어 교배육종이 가능해 진다.
    ⑩ 개화기가 다른 두 품종 간에 교배를 하고자 할 경우 일장처리에 의해 두 품종이 거의 동시에 개화하도록 조절할 수 있다.
11) 야간조파(night break)란 단일연속암기 중간에 광을 조사하는 것을 말한다. 단일식물은 일정기간 동안의 연속암기가 필요하다. 즉, 연속암기 중간에 광을 조사하여 암기의 요구도 이하로

분단하면 암기의 합계가 아무리 길다고 하여도 단일효과는 발생하지 않는다. 예를 들어 만생종 콩은 16시간의 암기가 필요한데 10시간 암기 후 야간조파(night break), 뒤이어 9시간 암기를 해도 개화는 되지 않는다.

12) 일장효과에 영향을 미치는 요인
① 일장효과의 감응 부위는 성숙한 잎이며, 어린잎은 거의 감응하지 않는다.
② 가을국화의 경우 10~15℃ 이하에서는 일장과 관계없이 개화하며, 장일성인 사리풀의 경우 저온에서는 단일조건이라도 개화한다.
③ 광(光)의 파장은 600~660nm의 적색광이 가장 효과가 크다.

확인문제
한계일장이 없어 일장조건에 관계없이 개화하는 중성식물은? [1회 기출]
① 상추　　　② 국화　　　③ 딸기　　　❹ 고추

확인문제
단일일장(short day length) 조건에서 개화 억제를 위해 야간에 보광을 실시하는 작물은?[2회]
① 장미　　　② 가지　　　❸ 국화　　　④ 토마토

확인문제
장일일장 조건에서 개화가 유도·촉진되는 작물을 모두 고른 것은? [3회]

| ㄱ. 상추 | ㄴ. 고추 | ㄷ. 딸기 | ㄹ. 시금치 |

① ㄱ, ㄴ　　　❷ ㄱ, ㄹ　　　③ ㄴ, ㄷ　　　④ ㄷ, ㄹ

확인문제
A농가가 오이의 성 결정시기에 받은 영농지도는?[4회]

> 지난해 처음으로 오이를 재배했던 A농가에서 오이의 암꽃 수가 적어 주변 농가보다 생산량이 적었다. 올해 지역 농업기술센터의 영농지도를 받은 후 오이의 암꽃 수가 지난해 보다 많아져 생산량이 증가되었다.

① 고온 및 단일 환경으로 관리　　　② 저온 및 장일 환경으로 관리
❸ 저온 및 단일 환경으로 관리　　　④ 고온 및 장일 환경으로 관리

> **확인문제**
>
> 다음과 관련되는 현상은?[4회]
>
> > A농가는 지난해 노지에 국화를 심고 가을에 절화를 수확하여 출하하였다. 재배지 주변의 가로등이 밤에 켜져 있어 주변 국화의 꽃눈분화가 억제되어 개화가 되지 않아 경제적 손실을 입었다.
>
> ① 도장 현상   ❷ 광중단 현상   ③ 순멎이 현상   ④ 블라스팅 현상

02 식물호르몬과 생장조절제

① 식물호르몬

(1) 식물호르몬은 식물체 내에서 생성되는 특수한 화학물질로서 생장호르몬(옥신류), 도장호르몬(지베렐린), 세포분열호르몬(사이토카이닌), 성숙호르몬(에틸렌), 아브시진산 등이 있다.

(2) 생장호르몬(옥신류)
   1) 옥신은 세포의 생장점 부위에서 생성되어 식물조직 속을 위쪽에서 아래쪽으로 이동하는 물질로서 인돌초산(IAA)과 유사한 생리작용을 한다.
   2) 옥신의 생리작용
      ① 옥신은 신장생장을 촉진한다.
         식물의 줄기가 굴광성(屈光性)을 나타내는 것은 광선을 받지 않는 쪽에 더 많은 옥신이 분포되어 있기 때문이다. 옥신은 신장생장을 촉진하는 작용을 하기 때문에 광선을 받지 않는 쪽이 광선을 받는 쪽보다 신장생장이 더 촉진되어 굴광현상이 나타난다.
      ② 옥신은 목부 분화를 촉진한다.
         줄기, 뿌리, 잎 등 각 기관을 관통하는 다발조직을 유관속(維管束)이라고 한다. 유관속은 목질부와 사질부로 나뉘어 각각 물과 양분의 통로가 된다. 옥신은 목부의 분화를 촉진한다.

③ 옥신은 사이토카이닌과 같이 작용하여 callus를 증식한다. callus는 줄기나 잎의 세포군을 말한다.
④ 옥신은 착과 및 과실의 비대생장을 촉진한다.
⑤ 옥신은 단위결과(單爲結果)를 일으킨다. 단위결과란 단성결실이라고도 하며 수분하지 않고 과실이 형성되는 것을 말한다. 인위적으로 화분(꽃가루, 웅성의 세포)을 자극하거나 생장물질처리로 단위결실을 유발할 수 있다.
⑥ 옥신은 이층(離層)형성을 억제한다.
　과실이 낙과하거나 잎이 낙엽 지는 것은 줄기와 과병(열매꼭지) 또는 엽병(식물의 잎을 지탱하는 꼭지부분) 사이에 이층이 형성되기 때문이다. 식물은 옥신의 생성량이 많을 때에는 이층이 형성되지 않으나 가을이 깊어감에 따라 옥신의 생성량이 감소하게 되어 낙과 또는 낙엽이 지게 된다. 합성 옥신인 2,4-D, 2,4,5-T, NAA, 2,4,5-TP 등은 착과제와 낙과방지제로 활용되고 있다.
⑦ 옥신은 발근촉진작용을 한다.
⑧ 정아(頂芽) 우세성은 옥신의 작용에 의해 나타나는 현상이다. 옥신이 측아의 신장을 억제하기 때문이다.

(3) 도장호르몬(지베렐린)

1) 지베렐린(도장호르몬)은 지베렐린산(Gibberellic Acid)이라고도 하며 GA로 표기한다.
2) 지베렐린은 식물체 내에서 합성되어 근, 경, 엽, 종자 등 모든 기관에 분포되어 있으며 특히 미숙종자에 많이 함유되어 있다. 또한 벼의 키다리병(벼가 도장한 다음 고사하는 병)의 병원균에 의해 분비되기도 한다.
3) 지베렐린의 생리작용과 재배적 이용
　① 지베렐린은 전 식물 체내를 자유로이 이동하면서 도장적으로 신장하도록 영향을 준다. 지베렐린의 신장효과(伸長效果)는 특히 어린 조직에서 현저하며, 왜성식물에서 더욱 강하게 나타난다.
　② 개화에 저온처리와 장일조건을 필요로 하는 식물은 지베렐린 처리에 의하여 화아형성, 개화촉진이 이루어진다. 즉 지베렐린처리는 저온처리 또는 장일처리의 대체적 작용을 한다.
　③ 지베렐린은 종자의 휴면을 타파하고 발아를 촉진한다. 발아에 저온처리가 필요한 종자(복숭아, 사과 등)도 지베렐린 처리를 하면 저온처리를 하지 않아도 발아한다. 또한 발아에 광을 필요로 하는 종자(상추)도 지베렐린 처리를 하면 어두운 곳에서도 발아한다.
　④ 토마토, 오이, 복숭아, 사과, 포도 등에서 지베렐린은 단위결과를 촉진한다. 따라서 지베렐린 처리를 통해 "씨없는 포도"의 생산이 가능하다.
　⑤ 가을이 되어 일장이 짧아지고 기온이 떨어지면 작물 체내의 ABA가 GA보다 상대적으로 많아져서 휴면에 들어간다.
　⑥ 봄이 되면 작물 체내의 GA가 ABA보다 많아져서 휴면이 타파되고 발아한다.

(4) 세포분열호르몬(사이토카이닌)

1) 사이토카이닌은 세포분열을 촉진하는 식물호르몬으로서 뿌리에서 생성되어 물관을 통해 지상부로 이동한다.
2) 사이토카이닌은 옥신과 함께 존재해야만 세포분열을 촉진할 수 있다.
3) 사이토카이닌의 생리작용
   ① 사이토카이닌은 옥신과 같이 작용하여 세포분열을 촉진한다.
   ② 사이토카이닌은 측아(곁눈)신장을 촉진한다.
   ③ 사이토카이닌은 노화를 저지한다.
   ④ 사이토카이닌은 기공의 개폐를 촉진한다.

(5) 에틸렌

1) 에틸렌은 식물조직에서 생성되는 식물호르몬으로서 과실의 숙성을 촉진하기 때문에 숙성호르몬이라고도 하고 꽃의 노화를 촉진시키므로 노화호르몬이라고도 하며 식물체가 자극이나 병, 해충의 피해를 받을 경우 많이 생성되기 때문에 스트레스호르몬이라고도 한다.
2) 에틸렌의 생리작용과 재배적 이용
   ① 에틸렌은 과실의 성숙(숙성)을 촉진한다. 미숙한 과일을 저장할 때 에틸렌처리를 함으로써 저장 중에 빠른 숙성(당도증가)을 이룰 수 있다.
   ② 에틸렌은 세포의 신장을 저해하고 비대생장을 촉진한다.
   ③ 에틸렌은 고추, 미숙과, 토마토의 착색을 촉진한다.
   ④ 에틸렌은 화아를 유도하고 발아를 촉진한다
   ⑤ 에틸렌은 오이, 호박의 암꽃 착생수를 증대시킨다.
   ⑥ 에틸렌은 상편생장(上篇生長)을 촉진한다. 상편생장이란 잎이 축 늘어지는 것을 말하며 수하현상(垂下現象)이라고도 한다.
   ⑦ 에틸렌은 엽록소(클로로필)를 분해한다.
   ⑧ 에틸렌은 탈리현상(脫離現象)을 촉진한다.

(6) 아브시진산

1) 아브시진산(ABA : abscisic acid)은 종자의 발아를 억제하고 휴면을 촉진한다.
2) 목본식물이 단일조건(短日條件)에서 합성하는 휴면물질, 목화의 열매에 함유되어 있는 낙과촉진물질(落果促進物質) 등은 아브시진산이다.
3) 아브시진산은 잎의 탈리를 촉진한다.
4) 아브시진산은 작물의 노화를 촉진한다.

5) 토마토는 아브시진산 함량이 증가하면 기공이 닫혀 내건성(耐乾性)이 강해진다.
6) 목본식물은 아브시진산 함량이 증가하면 내한성(耐寒性)이 강해진다.

> **확인문제**
> 채소작물 재배 시 에틸렌에 의한 현상이 아닌 것은?[3회]
> ① 토마토 열매의 엽록소 분해를 촉진한다.
> ② 가지의 꼭지에서 이층(離層)형성을 촉진한다.
> ❸ 아스파라거스의 육질 연화를 촉진한다.
> ④ 상추의 갈색 반점을 유발한다.

❷ 생장조절제

1) 식물호르몬은 식물체 내에서 생성되는 것인데 이러한 식물호르몬을 인공적으로 합성하여 식물에 처리하여 줌으로써 식물의 생장발육을 촉진하거나 억제하는 데 이용되고 있다. 이와 같이 인공적으로 합성된 호르몬을 식물생장조절제라고 한다.
2) 옥신 계통의 생장조절제로는 NAA, IBA, IPA, MCPA, PCPA, 2,4,5-TP, 2,4,5-T, 2,4-D 등이 있으며 착과제와 낙과방지제, 제초제로서 재배적으로 활용되고 있다.
3) 지베렐린 계통의 생장조절제로는 GA1-84 가 있다.
4) 생장억제제로는 안티옥신계통인 MH, 안티지베렐린계통인 B-9, CCC, AMO-1618 등이 있다.

> **확인문제**
> 화훼재배에 이용되는 생장조절물질에 관한 설명으로 옳은 것은?[2회]
> ❶ 루톤(rootone)은 옥신(auxin)계 생장조절물질로 발근을 촉진한다.
> ② 에테폰(ethephon)은 에틸렌 발생을 위한 기체 화합물로 아나나스류의 화아분화를 억제한다.
> ③ 지베렐린(gibberellin) 처리는 국화의 줄기신장을 억제한다.
> ④ 시토키닌(cytokinin)은 옥신류와 상보작용을 통해 측지발생을 억제한다.

> **확인문제**
> 작물의 로제트(rosette)현상을 타파하기 위한 생장조절물질은?[4회]
> ① 옥신　　　　❷ 지베렐린　　　　③ 에틸렌　　　　④ 아브시스산

MEMO

손해평가사 대비

제 5편 | 작물의 번식

01 종자번식

❶ 종자번식의 의의

1) 식물의 번식방법에는 종자번식(유성번식, sexual propagation)과 영양번식(무성번식, asexual propagation)이 있다. 종자번식은 종자로 번식하는 방법으로서 유성번식(sexual propagation)이라고도 한다.
2) 종자는 배(胚), 배유(胚乳), 종피(種皮)로 구성되어 있다.
   ① 배는 장차 식물체로 발전하는 기관으로 유아, 유근, 자엽을 가지고 있다. 자엽은 배의 발육기에 있어서 맨 처음 마디에 생기는 잎이다. 자엽 이후에 분화한 잎을 본엽이라고 한다.
   ② 배유(씨젖)는 배가 발아할 때 쓰일 양분을 저장하는 기관이다. 식물에 따라 배유가 없는 것도 있는데 이를 무배유종자라고 한다. 무배유종자는 배가 발아할 때 쓰일 양분이 배의 일부인 자엽에 함유되기 때문에 자엽이 현저하게 비대되어 있다. 콩, 호박, 무, 수박 등은 무배유종자이다.
   ③ 종피는 배와 배유를 보호하는 기관이다.
3) 작물재배에 있어서는 우량종자를 사용하는 것이 중요한데 우량종자는 우량품종에 속하는 종자로서 유전적으로 순수하여야 하고 발아력이 좋아야 하며 협잡물의 혼입이나 병균의 감염이 없는 종자이어야 한다.
4) 우량종자는 종자의 용가(utility value, 用價)가 높다.
   종자의 용가(utility value, 用價)는 발아율과 순도에 의해 결정된다.

$$\text{종자의 용가(utility value, 用價)} = \frac{\text{발아율}(\%) \times \text{순도}(\%)}{100}$$

5) 우량품종은 재배적 특성이 우수한 품종이며 다음의 조건을 구비하여야 한다.
   ① 재배적 특성이 다른 품종보다도 우수할 것(우수성)
   ② 품종의 우수성은 그 품종 모든 개체들이 모두 똑같이 가지고 있어야 한다. (균일성)

③ 우수성과 균일성이 대대로 지속될 것(영속성)
④ 가능한 한 광범위하게 적응, 재배될 수 있을 것(광지역성)

6) 우량품종이라고 하더라도 재배세대가 경과하는 동안 구조와 기능이 퇴보하는 경우가 있는데 이를 품종의 퇴화라고 한다. 퇴화에는 유전적 퇴화(자연교잡, 돌연변이 등에 의한 퇴화), 생리적 퇴화(재배조건의 불량으로 생리적으로 열세화되는 것), 병리적 퇴화(병이나 바이러스 등에 의한 퇴화) 등이 있다.

7) 품종의 퇴화를 방지하는 방법으로 다음과 같은 것이 있다.
① 유전적 퇴화를 방지하기 위해서 잎, 줄기, 뿌리 등의 영양기관의 일부를 가지고 새로운 개체로 증식하는 방법인 영양번식을 활용하거나 자연교잡의 방지를 위해 격리재배한다.
② 새품종의 종자를 건조시켜 밀폐 냉장하고 이것을 해마다 종자번식의 기본종자로 사용한다.
③ 종자갱신의 방법이다. 종자갱신은 재배에 사용할 종자를 원종포[원종(유전적으로 변화되지 않은 순정종자)을 생산하는 포장(작물을 키우는 땅)] 또는 채종포(종자를 채취할 목적으로 작물을 키우는 땅)에서 채종한 종자로 바꾸어 사용함으로써 체계적으로 퇴화를 방지한다.

❷ 종자의 휴면

(1) 식물의 종자는 성숙함에 따라 함수량(含水量)이 감소하고 호흡이 거의 정지되며 종피가 단단하게 되어 오랫동안 생명력을 유지할 수 있는 상태가 된다. 이와 같은 종자에 적당한 온도, 수분, 산소 등이 주어지면 발아하게 된다.

(2) 종자의 내부적 또는 외부적 요인으로 인해 종자가 발아할 수 없는 상태에 놓이는 것을 종자의 휴면이라고 한다. 종자자체의 모양이나 구조가 원인이 되어 발아할 수 없는 상태를 자발휴면이라고 하고 외부조건이 발아에 부적절하여 발아할 수 없는 상태를 타발휴면이라고 한다.

(3) 휴면타파 및 발아촉진의 방법은 다음과 같다.
1) 종피파상법
자운영, 콩과의 소립종자 등은 종피에 상처를 내서 파종한다.
2) 농황산처리
경실종자에 농황산을 주가하고 일정시간 혼합하여 침식시킨 다음 물에 씻어서 파종한다.
3) 질산염 처리, 지베렐린 처리
질산칼륨, 수산화칼륨은 발아촉진 화학물질이며, 지베렐린(gibberellin)은 휴면타파 식물호르몬이다.

감자는 지베렐린 수용액에 30~60분간 침지하여 파종한다.

> **확인문제**
>
> 다음 A농가가 실시한 휴면타파 처리는?[4회]
>
> 경기도에 있는 A농가에서는 작년에 콩의 발아율이 낮아 생산량 감소로 경제적 손실을 보았다. 금년에 콩 종자의 발아율을 높이기 위해 휴면타파 처리를 하여 손실을 만회할 수 있었다.
>
> ① 훈증 처리 ② 콜히친 처리 ③ 토마토톤 처리 ❹ 종피파상 처리

③ 종자의 발아

(1) 수분, 온도, 산소, 광선은 종자의 발아에 영향을 주는 요소이며, 이 중 수분, 온도, 산소는 종자 발아의 필수요소이다. 광선은 필수요소는 아니다.

(2) 수분

종피를 통해 산소의 공급과 이산화탄소의 배출이 이루어지는데 종피가 수분을 흡수하여야만 산소의 공급과 이산화탄소의 배출이 용이하게 된다. 또한 배나 배유가 수분을 흡수하게 되면 부풀어지게 되어 자연스럽게 종피가 찢어져 발아하기가 쉽게 된다.
종자가 발아하기 위한 최소한의 수분함량을 한계수분함량이라고 하며 한계수분함량은 그 토양의 영구위조점보다 약간 높은 것이 일반적이다.

(3) 온도

종자가 발아하기 위한 최저온도, 최고온도, 최적온도는 종자에 따라 다르다. 일반적으로 발아의 최적온도는 20 ~ 30 ℃로 보고 있지만, 저온성종자는 고온성종자보다 발아온도가 낮다.
시금치, 상추, 부추 등은 저온성종자이며, 토마토, 고추, 가지 등은 고온성종자이고 파, 양파는 중온성종자이다. 따라서 파, 양파의 발아 최적온도는 시금치, 상추, 부추 등의 발아 최적온도보다 높고 토마토, 고추, 가지의 발아 최적온도보다는 낮다.
그리고 변온(變溫)이 발아를 촉진하기도 한다.

(4) 산소

휴면 중에는 호흡이 극히 미미하지만 발아하기 시작하면 호흡량이 급격히 증가하기 때문에 대부분의

종자는 산소가 충분히 공급되어야 발아가 잘 된다. 일반적으로 산소분압이 높을수록 발아가 촉진되고 이산화탄소의 농도는 낮을수록 발아가 촉진된다.

(5) 광선

1) 대부분의 종자는 빛의 유무와 관계없이 발아하지만 종자의 종류에 따라 빛이 발아에 큰 영향을 주는 것도 있다.
   당근, 상추, 우엉, 샐러리, 삼엽채 등은 빛이 발아를 촉진하는 호광성종자(好光性種子)이며 무, 가지, 토마토, 고추, 양파 등은 빛이 발아를 오히려 억제하는 호암성종자(好暗性種子)이다.
2) 발아는 색소단백질인 피토크롬(phyyochrome)이 관여한다.
   피토크롬(phyyochrome)은 빛을 흡수하여 흡수스펙트럼의 형태가 가역적으로 변하는 식물체 내의 색소단백질로서 균류 이외의 모든 식물에 들어 있다. 빛 조건에 따라 식물의 여러 생리학적 기능을 조절하는 데 관여한다.
   피토크롬(phyyochrome)은 적색광흡수형(Pr)과 근적외흡수형(Pfr)이 있으며, 저마다 빛을 흡수할 때 상호변환(Pr↔Pfr)을 일으킨다. 적색광흡수형은 660nm의 광파장을 극대로 흡수하며, 근적외흡수형는 730nm의 광파장을 극대로 흡수한다.

❹ 종자번식의 장·단점

(1) 장점

1) 한 번에 많은 개체수를 얻을 수 있어 육묘비용이 저렴하다.
2) 영양번식에 비해 발육이 왕성하다.
3) 종자 수송이 용이하다.

(2) 단점

1) 양성된 개체(묘) 사이에는 상당한 변이(變異)가 나타날 수 있다.
2) 불임성과 단위결과성 식물은 종자번식이 어렵다.
   ① 불임성(不姙性)이란 작물의 생식과정에서 유전적 원인이나 환경적 원인 등으로 인하여 종자를 만들지 못하는 것을 말한다. 유전적 원인에 의한 불임성을 유전적 불임성이라고 하는데 유전적 불임성에는 자가불화합성(自家不和合性)과 웅성불임(雄性不姙)이 있다. 자가불화합성(自家不和合性)은 암수의 생식기관에는 형태적·기능적으로 전혀 이상이 없음에도 불구하고 자기 꽃가루의 수분에 의해서는 수정이 되지 않는 것을 말하며 웅성불임(雄性不姙)은 웅성세포(雄性細胞)인 꽃

가루가 아예 생기기 않거나 있어도 기능이 상실되어 수정이 되지 않는 것을 말한다.
② 단위결과성(單爲結果性)이란 수정되지 않고 과실이 비대하게 형성되는 현상을 말한다. 단위결과(單爲結果) 유기를 위해서 옥신계통의 생장조절물질인 NAA, 2,4-D와 지베렐린 등이 사용되기도 한다.
3) 목본류의 경우는 개화까지의 기간이 오래 걸리기 때문에 종자번식에 많은 시간이 걸린다. 목본류란 목질부를 형성하여 부피생장을 하는 작물을 말한다. 줄기, 뿌리, 잎 등 각 기관을 관통하는 다발조직을 유관속이라고 하며, 유관속은 목질부와 사질부로 나누어 져서 각각 물과 양분의 통로가 된다. 목질부는 목부라고도 하며 도관, 목부섬유, 목부유조직으로 형성된 복합조직이다. 도관은 수액의 통로가 되며 목부유조직은 전분이나 유지의 저장조직이 될 수도 있다.

02 영양번식

① 영양번식의 의의

1) 영양번식은 무성번식(asexual propagation)이라고도 하며 잎, 뿌리, 줄기 등의 영양기관의 일부를 사용하여 번식하는 것을 말한다.
2) 영양번식은 자연영양번식과 인공영양번식으로 구분할 수 있다.
   ① 자연영양번식은 고구마, 감자, 딸기, 글라디올러스, 마늘, 백합, 양파 등과 같이 모체에서 자연적으로 생성 분리된 영양기관을 번식에 이용하는 것이다. 고구마는 뿌리로 번식하며 감자는 땅속줄기, 딸기는 기는 줄기, 백합과 양파는 비늘줄기로 번식한다.
   ② 인공영양번식은 배, 포도, 사과 등과 같이 영양체의 재생 및 분생의 기능을 이용하여 인위적으로 영양체를 분할하여 번식시키는 것이다. 분주(分株, 포기나누기), 분구(分球, 알뿌리 나누기), 취목(取木 : 휘묻이), 삽목(揷木 : 꺾꽂이), 접목(椄木, 접붙이기), 조직배양 등의 방법이 있다.

② 영양번식의 방법

(1) 분주(分株, 포기나누기)

모체에서 발생하는 흡지(吸枝 : 지하경의 관절에서 발근하여 발육한 싹이 지상에 나타나 모체에서 분리되어 독립의 개체로 된 것)를 뿌리가 달린 채로 절취하여 번식시키는 것을 분주(分株, 포기나누기)라고 한다.

분주에 적합한 시기는 화아 분화 및 개화시기에 따라 다르다.
1) 봄~여름에 개화하는 모란, 황매화, 소철, 연산홍, 작약 등은 추기분주(9월경)한다.
2) 여름~가을에 개화하는 능수, 라일락, 철쭉, 조팝나무 등은 춘기분주(4월경)한다.
3) 아이리스, 꽃창포, 석류나무 등은 하기분주(6~7월)한다.

(2) 분구(分球)

분구(分球)는 구근류에 있어서 자연적으로 생성되는 자구(子球), 목자(木子), 주아(珠芽) 등을 분리하여 번식시키는 것을 말한다. 백합, 글라디올라스, 튤립, 히야신스, 토란, 마늘 등과 같은 인경(비늘줄기)식물에서 뿌리의 주구에서 나오는 새끼구를 자구(子球)라고 하며, 지하부에 형성된 소구근을 목자(木子)라고 한다. 그리고 줄기에 상당하는 부분에 양분을 저장하여 형성된 다육질의 작은 덩어리가 모체에서 땅에 떨어져 발아하는 살눈을 주아라고 한다.

(3) 취목(取木, 휘묻이)

가지를 모체에서 분리시키지 않고 휘어서 땅에 묻거나 보습상태를 유지시켜 부정근을 발생시킨 후에 그것을 잘라서 증식시키는 것을 취목(取木, 휘묻이)이라고 한다. 취목시기는 온실용 원예작물의 경우 3~5월, 일반 노지 관상 원예작물은 봄철 발아 전과 6~7월 장마기에 취목한다.
1) 선취법 : 가지의 선단부를 휘어 묻는 취목법이다.
2) 성토법 : 포기 밑에 가지를 많이 낸 후 성토하여 발근시키는 취목법이다
3) 당목취법 : 가지를 수평으로 묻어 한가지의 여러 마디에서 발근시키는 취목법이다
4) 고취법 : 휘묻이에서 가지를 지면까지 내리지 못할 때 가지를 그대로 두고 가지에 흙이나 물이끼를 싸매어 발근시켜 는 취목법이다.

> **확인문제**
> 작물의 취목번식 방법 중에서 가지의 선단부를 휘어서 묻는 방법은? [1회]
> ❶ 선취법　　② 성토법　　③ 당목취법　　④ 고취법

확인문제

다음 설명의 영양번식 방법은?[3회]

○ 양취법(楊取法)이라고도 한다.
○ 오래된 가지를 발근시켜 떼어낼 때 사용한다.
○ 발근시키고자 하는 부분에 미리 박피를 해준다.

① 성토법(盛土法) ② 선취법(先取法)
❸ 고취법(高取法) ④ 당목취법(撞木取法)

(4) 삽목(揷木, 꺾꽂이)

1) 모체로부터 뿌리, 줄기, 잎을 분리한 다음 이를 땅에 꽂아서 발근시켜 독립개체로 번식시키는 것을 삽목(揷木, 꺾꽂이)이라고 한다.
2) 쌍자엽식물(쌍떡잎식물)은 삽목으로 발근이 잘되지만, 단자엽식물(외떡잎식물)은 발근이 잘 되지 않는다.
3) 삽목의 시기는 목본성(나무)은 낙엽수가 3~4월, 상록수는 6~7월이 적합하며, 초본성(풀)은 봄부터 가을까지 가능하지만 여름철은 고온다습하여 배수가 좋지 못하면 삽수가 부패하기 쉽다.
4) 삽목의 방법
   ① 관삽이 일반적이다. 관삽이란 줄기나 가지를 10~20cm의 길이로 끊어서 그대로 꽂는 방법을 말한다.
   ② 삽수에 잎이 붙어 있는 것은 1~2매만 남기고 잘라 버리는 것이 좋다.
   ③ 꽂는 깊이는 초본성은 삽수길이의 1/2 정도, 목본성은 2/3 정도의 깊이로 꽂는다.
   ④ 삽수를 상토(모판의 흙)면과 45°로 비스듬히 꽂고, 삽수의 끝이 서로 닿지 않을 정도의 밀도를 유지한다.
   ⑤ 꽂은 후에는 관수를 충분하게 하고 3~4일간은 직사광선을 가려주는 것이 좋다.
   ⑥ 삽수의 발근율을 높이기 위해서는 삽목에 알맞은 환경(온도, 습도, 수분, 광선)을 조성해 줄 필요가 있다. 이를 위한 장치로 분무삽(가는 안개 뿌리기)을 활용할 수 있다. 습도는 꽂을 당시 90%, 발근이 시작할 무렵에는 75% 정도로 조절하는 것이 좋다.

(5) 접목(接木, 접붙이기)

1) 접수를 대목에 접착시켜 대목과 접수의 형성층이 서로 밀착되도록 함으로써 새로운 독립개체를 만드는 것을 접목(接木, 접붙이기)이라고 한다. 접수(接穗)는 눈 또는 눈이 붙어 있는 줄기이며

대목(臺木)은 뿌리가 있는 줄기로서 번식의 매개체가 되는 작물이다.
2) 접목한 것이 생리작용의 교류가 원만하게 이루어져 잘 활착한 후 발육과 결실도 좋은 것을 접목친화(接木親和)라고 한다. 생물집단의 분류학상의 단위는 문→강→목→과→속→종이며, 접목친화성은 동종간이 가장 좋고, 동속이품종 간, 동과이속 간의 순서이다.
3) 접목변이

  재배적으로 유리한 접목변이(接木變異)를 이용하는 것이 접목의 목적이다. 이러한 접목변이에는 다음과 같은 것이 있다.

  ① 접목묘를 이용하는 것이 실생묘(종자가 발아하여 자란 것)를 이용하는 것보다 결과(結果)에 소요되는 기간이 단축된다. 예를 들면 감의 경우 실생묘로부터 열매를 맺는 데는 10년이 걸리지만 접목묘로 부터 열매를 맺는 데는 5년이 걸린다.

  ② 접목을 통해 나무의 크기나 형태 등을 조절할 수 있다. 왜성대목에 접목하여 관리상의 편의를 기대할 수 있고, 강화대목(강세대목)에 접목하여 수령을 늘릴 수 있다. 사과를 파라다이스 대목에 접목하면 현저히 왜화 하여 결과연령이 단축되고 관리도 편해진다. 한편 앵두를 복숭아 대목에 접목하면 지상부의 생육이 왕성하고 수령도 길어진다.

  ③ 접목을 통해 풍토적응성을 증대시킬 수 있다. 자두를 산복숭아의 대목에 접목하면 알칼리성 토양에 대한 적응성이 높아지며, 배를 중국 콩배의 대목에 접목하면 건조한 토양에 대한 적응성이 높아진다.

  ④ 접목을 통해 병충해에 대한 저항성을 증대시킬 수 있다. 수박, 참외, 오이를 호박에 접목하면 덩굴쪼김병이 방제된다.

  ⑤ 접목을 통해 수세(樹勢)회복이 가능하다.

  ⑥ 고접(高接)으로 품종을 갱신할 수 있다.

4) 접목의 적기

  ① 대목의 세포분열이 활발할 때가 좋다.

  ② 대목은 수액이 움직이기 시작하고 접수는 아직 휴면상태인 때가 좋다.

  ③ 춘접은 3월 중순~4월 초순이 적절하다.

  ④ 사과, 배 등은 3월 중순, 감, 밤 등은 4월 중순이 적기이다.

  ⑤ 여름접은 8월 초순~9월 초순이 적절하다.

6) 접목의 종류

  ① 접목시기에 따라 춘접(휴면접)과 발육지접(녹지접)으로 나눈다. 춘접(휴면접)은 눈이 트기 전에 하는 접목이며, 발육지접(녹지접)은 눈이 자라고 있을 때 하는 접목으로서 새로 나온 줄기에 접을 한다.

  ② 합목의 위치에 따라 고접(高接), 복접(腹接), 근접(根接) 등으로 나눈다. 고접(高接)은 줄기의 높은 곳에 접하는 것, 복접(腹接)은 자르지 않고 그대로 나무 옆면에 접하는 것, 근접(根接)은 뿌리에 접하는 것이다.

③ 접목하는 방법에 따라 아접(芽接), 지접(枝接), 교접(僑接) 등으로 나눈다.

아접(눈접)은 눈 하나를 분리시켜 대목에 부착하는 방법인데 T자형 눈접(T자 모양으로 칼금을 주어 피층을 벌리고 눈을 2~2.5cm 길이로 절단하여 대목의 피층에 밀어 넣는 방법)이 일반적이다. 지접(가지접)은 가지를 접수로 하는 것이며, 낙엽수는 몇 개의 눈이 붙은 휴면가지를 접수로 사용하고 상록수는 2개 정도의 잎이 붙은 가지를 접수로 한다. 교접(다리접)은 주간(원줄기)이나 가지가 손상을 입어 상하부의 연결이 안 될 경우 상하부를 연결시켜주는 방법이다.

④ 접목작업의 위치에 따라 거접(居接)과 양접(揚接)으로 나눈다. 거접(居接)은 대목이 심어져 있는 곳에서 접하는 것, 양접(揚接)은 대목을 심은 곳에서 캐내어 접하는 것이다.

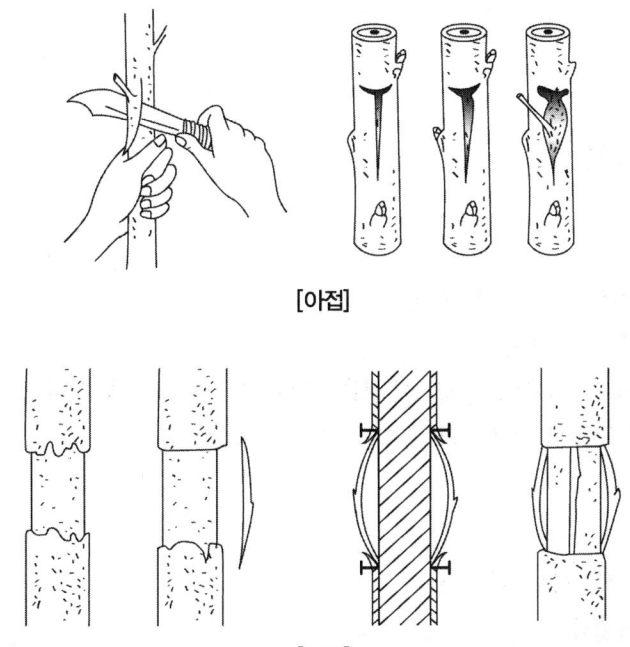

[출처: 원예학원론, 건국대학교 출판부]

확인문제

다음이 설명하는 번식방법은?[4회]

ㄱ. 번식하고자 하는 모수의 가지를 잘라 다른 나무 대목에 붙여 번식하는 방법
ㄴ. 영양기관인 잎, 줄기, 뿌리를 모체로부터 분리하여 상토에 꽂아 번식하는 방법

① ㄱ: 삽목, ㄴ: 접목
② ㄱ: 취목, ㄴ: 삽목
③ ㄱ: 접목, ㄴ: 분주
❹ ㄱ: 접목, ㄴ: 삽목

(6) 조직배양

1) 조직배양이란 식물체의 어떤 부위든 상관없이 세포나 조직의 일부를 취하여 살균한 다음, 무균적으로 배양하여 callus를 형성시키고 여기에서 새로운 개체를 만들어내는 방법이다.
2) 조직배양을 통해 식물의 대량번식이 가능하고, 바이러스가 없는 식물체(virus-free stock)를 얻을 수 있다. 특히 생장점에는 바이러스가 거의 없기 때문에 무병주(virus-free stock, 메리클론(mericlone))생산에 생장점배양이 많이 이용되고 있다.
3) 생장점 배양을 통해서 얻을 수 있는 영양번식체로서 바이러스 등 조직 내에 존재하는 병이 제거된 묘를 무병주라고 한다. 감자, 마늘, 딸기, 카네이션는 무병주 생산이 산업적으로 이용되고 있다.

❸ 영양번식의 장단점

(1) 장점

1) 종자번식보다 개화와 결실이 빠르다.
2) 수세(樹勢)의 조절이 가능하다.
3) 종자번식이 불가능한 경우에도 영양번식을 통해 번식이 가능해 진다.
4) 어버이의 형질이 그대로 보존된다.

(2) 단점

1) 재생력이 왕성한 식물에만 가능하다.
2) 저장과 운반이 어렵다.
3) 종자번식보다 증식률이 낮다

확인문제

영양번식(무성번식)에 관한 설명으로 옳지 않은 것은?[2회]
① 과수의 결실연령을 단축시킬 수 있다.
② 모주의 유전형질이 똑같이 후대에 계승된다.
❸ 번식체의 취급이 간편하고 수송 및 저장이 용이하다.
④ 종자번식이 불가능한 작물의 번식수단이 된다.

손해평가사 대비

제 6편 | 재배기술

01 작부체계

❶ 작부체계의 의의

작부체계(作付體系)란 작부형식(作付形式)이라고도 하며 어떤 작물을 시기별로 어떠한 순서에 의해 재배할 것인가에 대한 체계를 말한다. 작물의 수확량은 종자, 재배환경, 재배기술의 3요소에 의해 결정되는데 좋은 종자, 좋은 재배환경, 좋은 재배기술의 3가지 조건이 충족될 때 최대의 수확량이 가능하다. 작부체계는 재배기술과 관련된다. 재배기술적 측면에서 합리적인 작부체계를 마련할 필요가 있으며 작부체계가 합리적일 때 지력의 소모를 줄일 수 있고 병충해의 누적을 방지할 수 있다.

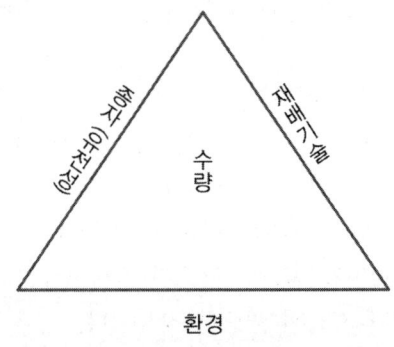

[작물 수확량의 삼각형]

❷ 휴한

지력회복을 위해 토지를 일시적으로 놀리는 것을 휴한(休閑)이라고 한다. 휴한은 토양의 양분 회복 및 병충해 감소 효과가 있다.

❸ 연작(連作, 이어짓기)

(1) 동일 경지에 동일 종류의 작물을 매년 계속해서 재배하는 것을 연작(連作, 이어짓기)이라고 한다.

(2) 연작은 토양 양분의 결핍 및 병충해의 누적을 가져와 작물 생육에 불리하다. 이와 같은 연작의 피해를 기지(忌地, soil sickness)라고 한다.

(3) 기지(忌地, soil sickness)의 원인
 1) 연작으로 토양 비료성분이 소모된다.
 2) 연작으로 토양 중에 염류가 집적되어 작물의 생육을 저해한다.
 3) 연작으로 작물의 찌꺼기 등 토양에 유독물질이 축적된다.
 4) 연작으로 토양전염병 및 병충해가 번성할 수 있다.
 5) 화곡류를 연작하면 토양이 굳어져 작물의 생육을 저해한다.

(4) 기지의 대책

윤작, 객토, 토양 소독, 담수(湛水, 물을 논에 가두어 놓는 것) 등이 권장된다.

(5) 기지의 정도는 작물의 종류에 따라 다르다.
 1) 사과, 포도, 자두, 벼, 고구마, 무, 당근, 양파, 호박, 아스파라거스, 미나리, 딸기 등은 연작의 피해가 적은 작물이다.
 2) 시금치, 파, 콩, 생강 등은 1년간 휴작이 필요한 작물이다.
 3) 감자, 오이, 땅콩, 마 등은 2년간 휴작이 필요한 작물이다.
 4) 토란, 쑥갓, 참외 등은 3년간 휴작이 필요한 작물이다.
 5) 수박, 가지, 완두, 고추, 토마토 등은 5~7년간 휴작이 필요한 작물이다.
 6) 인삼, 아마 등은 10년 이상 휴작이 필요하다.

❹ 윤작(輪作, 돌려짓기)

(1) 윤작의 개념

한 토지에 몇 가지의 작물을 선정하여 돌려가면서 재배하는 것을 윤작이라고 한다.

(2) 윤작의 원칙

1) 콩과작물이나 다비(多肥)작물과 같은 지력증진 작물을 포함시켜 윤작함으로써 지력 증진을 도모한다.
2) 여름작물과 겨울작물을 결합시켜 윤작함으로써 토지의 이용도를 높인다.
3) 중경작물(옥수수, 스위트클로버, 알팔파 등과 같은 심근성작물)이나 피복작물(잔디)을 포함시켜 잡초의 발생을 줄이고 토양침식을 방지한다.

(3) 답전윤환(畓田輪換)

논을 논과 밭으로 돌려가며 이용하는 것을 답전윤환(畓田輪換)이라고 한다. 답전윤환은 지력을 증대시키며, 잡초를 감소시키고, 기지현상을 방지하는 효과가 있다.

5 간작(間作, 사이짓기)

한 작물을 생육하면서 그 작물 사이사이에 다른 작물을 심어 동시에 재배하는 것을 간작(間作)이라고 한다.

6 교호작(交互作, 엇갈아짓기)

생육기간이 비슷한 작물들을 몇 이랑씩 건너서 짝을 지어 재배하는 것을 교호작(交互作)이라고 한다. 비료성분의 이용, 일조의 이용 등이 서로 다른 작물로 짝을 짓는 것이 좋다.

02 파종, 육묘 및 이식

❶ 파종

1) 용기(pots)나 온실의 묘상에 파종하는 것은 대체로 손으로 하지만 밭, 과수원에 파종하는 것은 손이나 조파기를 사용한다. 조파기는 일정한 간격을 두고 한 줄로 연속하여 뿌리는 파종기계로서 맥류, 채소 등의 중소립 종자를 파종하는 데 적합하다.
2) 파종량은 정식(定植)할 묘수, 발아율 등에 따라 다르며, 보통은 소요 묘수의 2~3배의 종자가 필요하다.
3) 파종하는 깊이는 토양의 수분 및 산소 함량과 발아형식에 따라 다르다.
   ① 토양 상층부의 공극에 함유된 수분이 많으면 산소공급이 제한요소로 작용할 가능성이 크므로 얕게 심어야 하고, 상층부의 공극에 함유된 수분이 적으면 수분공급이 제한요소로 작용할 가능성이 크므로 깊게 심어야 한다.
   ② 강낭콩과 같이 자엽(子葉)이 지표로 나오는 식물은 그렇지 않은 식물보다 얕게 심는다.
4) 파종방법
   ① 시금치, 목초 등은 산파(흩어뿌리기)한다.
   ② 파, 밀, 보리, 무, 배추 등은 조파(줄뿌리기 : 뿌림골을 만들어 종자를 줄지어 뿌리는 것)한다. 조파는 수분과 양분의 공급에 유리하고 통풍과 투광이 좋으며 관리작업도 편리한 장점이 있다.
   ③ 콩, 감자 등은 점파(점뿌리기 : 일정한 간격으로 띄엄띄엄 파종하는 것)한다. 점파는 종자량이 적게 소요되고 통풍 및 투광이 좋은 장점이 있다.
   ④ 무, 배추 등은 적파(모듬뿌리기 : 점파할 때 한 곳에 여러 개의 종자를 파종하는 것)하기도 한다.

❷ 육묘(育苗, 모종가꾸기)

(1) 육묘의 의의

1) 이식을 전제로 못자리에서 키운 어린 작물을 묘(苗)라고 한다. 묘는 초본묘(줄기가 비교적 연하여 목질(木質)을 이루지 않아 꽃이 피고 열매가 맺은 뒤에 지상부가 말라죽는 식물을 초본이라고 한다). 목본묘(줄기 및 뿌리에서 비대생장에 의해서 다량의 목부를 형성하고 그 막은 대개

목질화하여 견고한 식물을 목본이라고 한다.), 실생묘(종자로부터 양성된 묘), 종자 이외의 작물영양체로부터 양성된 접목묘(접목기법에 의하여 만들어진 묘목), 삽목묘(삽목에 의하여 양성된 묘목), 취목묘(취목법에 의하여 만들어진 묘목) 등으로 구분된다.

2) 묘를 일정 기간 동안 집약적으로 생육하고 관리하는 것을 육묘(育苗, 모종가꾸기)라고 한다.

(2) 육묘의 이점

1) 토지이용을 고도화 할 수 있다.
2) 유묘기(종자가 발아하여 본엽이 2~4엽 정도 출현하는 시기) 때의 철저한 보호관리가 가능하다.
3) 종자를 절약할 수 있다.
4) 직파(본포에 씨를 직접 뿌리는 것)가 불리한 고구마, 딸기 등의 재배에 유리하다.
5) 조기수확이 가능하다.

(3) 육묘의 방식

1) 온상육묘
   온상에서 육묘하는 방식이 온상육묘이다.
2) 접목육묘
   접목을 통해 육묘하는 것을 접목육묘라고 한다.
   박과채소 및 가지과채소는 호박, 토마토 등을 대목으로 하여 접목을 실시하면 토양전염병(만할병, 위조병, 청고병 등) 및 불량환경에 대한 내성이 높아지기 때문에 박과채소 및 가지과채소는 접목육묘 방식을 많이 이용한다.
3) 양액육묘
   작물의 생육에 필요한 배양액으로 육묘하는 것을 양액육묘라고 한다. 배양액을 통해 무균의 영양소를 공급하는 것이 가능하다. 양액육묘는 상토육묘에 비해 발근이 빠르며, 병충해의 위험이 적고, 노동력이 절감되는 생력육묘(省力育苗)가 가능하다.
4) 공정육묘(플러그육묘)
   ① 공정육묘는 규격화된 자재의 사용과 집약적인 관리를 통해 육묘의 질적 향상 및 육묘비용 절감을 가능케 하는 최근의 육묘방식이다.
   ② 공정육묘는 육묘의 생력화, 효율화, 안정화 및 연중 계획생산을 목적으로 상토제조 및 충전, 파종, 관수, 시비, 환경관리 등 제반 육묘작업을 체계화하고 장치화한 묘생산시설에서 질이 균일하고 규격화된 묘를 연중 계획적으로 생산하는 것이다.
   ③ 공정육묘는 재래육묘에 비해 다음과 같은 장점이 있다.

㉠ 균일한 묘의 대량생산이 가능하다.
㉡ 기계화를 통해 노동력을 줄이고, 묘의 생산비용이 절감된다.
㉢ 묘의 운송 및 취급이 용이하다.
㉣ 육묘기간이 단축된다.
㉤ 자동화시설을 통해 육묘의 생력화(省力化)가 가능하다.
㉥ 대규모생산이 가능하여 육묘의 기업화 또는 상업화가 가능하다.

확인문제

작물의 육묘에 관한 설명으로 옳지 않은 것은?[3회]
① 수확기 및 출하기를 앞당길 수 있다.
❷ 육묘용 상토의 pH는 낮을수록 좋다.
③ 노지정식 전 경화과정(hardening)이 필요하다.
④ 육묘와 재배의 분업화가 가능하다.

확인문제

화훼작물의 플러그묘 생산에 관한 옳은 설명을 모두 고른 것은?[3회]

ㄱ. 좁은 면적에서 대량육묘가 가능하다.
ㄴ. 최적의 생육조건으로 다양한 규격묘 생산이 가능하다.
ㄷ. 노동집약적이며 관리가 용이하다.
ㄹ. 정밀기술이 요구된다.

① ㄱ, ㄴ, ㄷ　　　　　　　　❷ ㄱ, ㄴ, ㄹ
③ ㄱ, ㄷ, ㄹ　　　　　　　　④ ㄴ, ㄷ, ㄹ

❸ 경화

1) 본포토양에 정식(定植)하기 전에 본포 토양의 환경에 적응될 수 있도록 미리 그 환경에 조금씩 노출시켜 모종을 굳히는 것을 경화(硬化)라고 한다.
2) 경화의 방법은 묘상의 관수량을 서서히 줄이고 온도를 낮추며 광선에 노출되는 시간을 늘려준다.
3) 경화시킬 때 나타나는 현상은 다음과 같다.
   ① 엽육이 두꺼워진다.

② 건물량(乾物量)이 증가한다.
③ 지상부 생육이 둔화되는 대신 지하부 생육이 발달한다.
④ 내한성과 내건성이 증가한다.
⑤ 외부환경에 대한 내성이 길러진다.

4 이식(移植, 옮겨심기)

(1) 이식의 의의

식물을 현재의 위치에서 다른 위치로 옮겨 심는 것을 이식(移植, 옮겨심기)이라고 한다.
묘를 묘상에서 화분으로 옮겨 심는 것을 분심기라고 하고, 삼베 같은 것으로 받쳐 흙을 뭉쳐 옮겨 심는 것을 뭉쳐옮기기라고 하며, 화분이나 묘상에서 정원이나 밭으로 옮겨 심는 것을 내심기라고 한다. 그리고 계속 그대로 둘 위치에 옮겨 심는 것을 정식(定植)이라고 하며 정식할 때까지 잠정적으로 이식해 두는 것을 가식(假植)이라고 한다.

(2) 초본식물의 이식

1) 초본식물은 실생묘가 작을 때 이식하는 것이 좋다.
2) 이식 후 뿌리의 재생속도는 이식할 때 조직 내에 축적된 탄수화물이 많을수록 재생속도가 빠르다. 조직 내에 탄수화물이 많이 축적되기 위해서는 광합성률이 높아야 하고 호흡작용과 세포분열속도는 낮아야 한다.
3) 증산율이 낮아야 이식 후에 모종이 빨리 회복된다. 증산율은 낮은 온도, 낮은 광도, 무풍, 높은 습도의 경우에 낮아지므로 이식은 이슬비가 오거나 흐린 날씨에 하는 것이 좋다.

(3) 상록수의 이식

1) 작은 상록수는 큰 것보다 이식 후 회복이 빠르다.
2) 조경용으로 사용되는 상록수는 큰 것을 이식하는 경우가 많다. 큰 상록수는 잎이나 증산면이 넓기 때문에 수분 소비량이 많은 편이어서 수분을 보충할 수 있도록 뿌리가 붙어 있는 채로 뭉쳐옮기기를 하거나 묘목을 용기에 가꾸어 이식하는 것이 효과적이다.
3) 상록수목은 일반적으로 봄이나 가을에 이식하는 것이 보통인데, 봄이나 가을이 여름이나 겨울에 비해 증산율이 낮기 때문이다.

(4) 낙엽수의 이식

낙엽수는 잎이 없을 때(비생장계절) 이식하는 것이 좋다.

03 중경과 제초

❶ 중경

(1) 중경의 의의
작물이 생육하고 있는 도중에 경작지의 표면을 호미나 중경기로 긁어 부드럽게 하는 것을 중경(中耕)이라고 한다.

(2) 중경의 장단점
1) 장점
① 잡초 제거의 효과가 있다.
② 토양의 통기와 투수성이 좋아지기 때문에 뿌리의 활력이 증진되고 토양유기물의 분해가 촉진된다.
③ 토양 수분의 증발을 억제한다.
2) 단점
① 중경으로 단근(斷根)의 피해가 있을 수 있다.
② 중경을 하면 바람이나 비로 인한 토양 침식이 조장될 수 있다.
③ 발아 중의 식물인 경우 중경으로 인해 저온이나 서리에 의한 동·상해를 입을 수 있다.

❷ 제초

(1) 잡초의 특성

1) 원하지 않는 장소에 나타난다.
2) 번식력이 왕성하여 근절하기 쉽지 않다.
3) 작물에 피해를 준다.

(2) 잡초가 작물에 주는 피해

1) 잡초는 작물과 경합하여 작물의 수확을 감소시킨다. 잡초와 작물 사이에 수분, 양분, 빛 등을 서로 빼앗으려고 경쟁하는 것을 경합이라고 한다.
2) 잡초는 작물의 발아·생육을 억제한다. 이러한 발아와 생육의 억제효과는 잡초와 작물 간뿐만 아니라 잡초와 잡초 간, 작물과 작물 간에도 나타난다.
3) 잡초는 작물 병충해의 매개가 되며 병충해의 서식지 역할을 한다.
4) 잡초가 작물에 기생하여 작물의 영양을 빼앗아 가기도 한다.

(3) 잡초의 방제방법

1) 물리적 방제법
   인력 또는 기계를 이용하여 잡초를 뽑아서 없애는 방법이다.
2) 화학적 방제법
   ① 제초제를 사용하여 잡초를 방제하는 방법이다.
   ② 제초제의 사용 시기는 경우에 따라 다른데 파종후 처리(출아 전 처리), 이식전 처리, 출아 후 처리 등이 있다.
   ③ 제초제의 사용에 있어서는 기상 조건과 토양 조건을 고려할 필요가 있다. 일반적으로 기온이 높을 때 제초제의 효과가 크며, 토양수분의 과부족은 제초제에 대한 작물의 저항력을 떨어뜨려 작물이 약해(藥害)를 입을 수도 있다.
3) 생물적 방제법
   곤충이나 미생물 등을 이용하여 잡초를 방제하는 방법이다. 오늘날 친환경 유기농법에서 많이 이용되고 있다.
   유기농법은 화학비료나 농약을 사용하지 않고 채소나 과일을 기르는 농법이다.
4) 생태적 방제법
   잡초의 경합력을 약하시키거나 작물의 경합력을 높여 주는 방법으로서 경종적 방제법이라고도 한다. 경합적 특성을 활용한 작부체계, 잡초에게 불리한 환경을 조성하는 시비관리와 특정 설비의 이용 등이 여기에 해당된다.
5) 종합적 방제법
   물리적 방제법, 화학적 방제법, 생물적 방제법, 생태적 방제법 등을 종합적으로 활용하여 잡초를 방제하는 것을 종합적 방제법(IWM)이라고 한다. 종합적 방제법의 목적은 잡초를 완전하게 제거하는 것이 아니며 경제적 손실이 위험수준이 되지 않는 범위에서 체계적으로 방제하는 것을 목적으로 한다. 그렇게 함으로써 약제사용을 줄이고 천적을 보존하며 환경보호도 가능하게 하는 것이다.

04 배토와 멀칭

❶ 배토(培土)

(1) 배토의 의의
작물이 생육하고 있는 동안에 이랑 사이의 흙을 그루 밑으로 긁어 모아주는 것을 배토(培土)라고 한다.

(2) 배토의 효과
1) 배토는 도복(작물이 바람에 쓰러지는 것)을 방지한다.
2) 배토는 토란의 분구를 억제하고 비대를 촉진한다.
3) 배토는 감자의 괴경의 발육을 조장한다.
4) 배토는 당근 수부의 착색을 방지한다.

❷ 멀칭(mulching)

(1) 멀칭의 의의
1) 토양 표면을 어떤 물질로 피복(덮어주기)하는 것을 멀칭(mulching)이라고 한다.
2) 풀로 덮는 것을 부초라고 하고, 짚으로 덮는 것을 부고라고 한다.

3) 폴리에틸렌, 비닐 등의 플라스틱 필름으로 피복하는 것을 폴리멀칭(poly-mulching) 또는 비닐 멀칭이라 한다.

(2) 멀칭의 효과
1) 토양 수분유지와 건조 방지
2) 잡초 억제
3) 지온 조절
4) 한해(寒害) 및 동해(凍害)의 경감
5) 토양 보호와 비료 유실의 방지
6) 생육 및 숙기 촉진

(3) 폴리멀칭(poly-mulching)에 사용하는 필름의 종류와 특징
1) 투명 필름은 지온상승 효과가 크지만 잡초억제 효과는 적다.
2) 흑색 필름은 잡초억제 효과가 매우 크지만 지온상승 효과는 적다.
3) 녹색 필름은 잡초억제 효과와 지온상승 효과가 모두 크다.
4) 작물이 멀칭 한 필름 속에서 비교적 긴 기간 자랄 때에는 흑색 필름이나 녹색 필름은 작물에 큰 피해를 주기 때문에 투명 필름이어야 안전하다.

확인문제

( )에 들어갈 내용을 순서대로 바르게 나열한 것은?[2회]

○ 작물이 생육하고 있는 중에 이랑 사이의 흙을 그루 밑에 긁어모아 주는 것을 ( )(이)라고 한다.
○ 짚이나 건초를 깔아 작물이 생육하고 있는 토양 표면을 피복해 주는 것을 ( )(이)라고 한다.

① 중경, 멀칭　　　　　　② 배토, 복토
❸ 배토, 멀칭　　　　　　④ 중경, 복토

확인문제

다음이 설명하는 것은?[4회]

○ 경작지 표면의 흙을 그루 주변에 모아 주는 것을 말한다.
○ 일반적으로 잡초 방지, 도복 방지, 맹아 억제 등의 목적으로 실시한다.

① 멀칭　　❷ 배토　　③ 중경　　④ 쇄토

05 시비

❶ 비료의 분류

(1) 원료에 따른 분류
1) 유기질 비료 : 동물질 비료(닭똥, 골분), 식물질 비료(쌀겨, 풋거름)
2) 무기질 비료 : 광물질 비료(황산암모늄, 석회질소)

(2) 형태에 따른 분류
1) 고체 비료 : 황산암모늄(유안)
2) 액체 비료 : 암모니아수
3) 기체비료 : 탄산가스

(3) 함유성분이 따른 분류
1) 질소질 비료 : 황산암모늄(유안), 질산암모늄, 요소, 석회질소
2) 인산질 비료 : 과인산석회(과석), 중과인산석회(중과석)
3) 칼리질 비료 : 황산칼륨, 염화칼륨, 초목회
4) 3요소 이외의 비료 : 석회질 비료, 망간 비료

(4) 함유성분의 복합성 여부에 따른 분류
1) 단질 비료 : 요소, 황산암모늄(유안), 염화칼륨
2) 복합 비료(배합 비료) : 2가지 이상의 비료성분이 함유되도록 혼합한 비료를 말한다.

(5) 비료의 반응에 따른 분류
1) (화학적)산성 비료 : 과인산석회(과석), 중과인산석회(중과석)
2) 생리적 산성 비료 : 황산암모늄(유안), 염화암모늄, 황산칼륨, 염화칼륨
3) (화학적)염기성 비료 : 석회질소, 암모니아수, 용성인비
4) 생리적 염기성 비료 : 석회질소, 초목회, 용성인비
5) (화학적)중성 비료 : 황산암모늄(유안), 질산암모늄, 염화암모늄, 황산칼륨, 요소, 염화칼륨

6) 생리적 중성 비료 : 질산암모늄, 요소, 과인산석회(과석)

(6) 효과의 지속성에 따른 분류
1) 속효성 비료 : 인분뇨, 유안, 요소, 과인산석회(과석)
2) 지효성 비료 : 퇴비, 두엄, 녹비, 깻묵

❷ 시비

(1) 시비량의 결정
1) 작물에 인위적으로 공급해줘야 할 시비의 양은 작물의 종류, 재배방법, 지력의 정도, 기후 등에 따라 차이가 있으나 이론상으로는 다음과 같이 계산할 수 있다.

$$시비량 = \frac{(식물체\ 내의\ 비료요소\ 흡수량 - 천연공급량)}{비료요소의\ 흡수율}$$

2) 시비량의 결정을 구체적인 예를 들어 보자.
   ex) $100m^2$당 500kg의 과실을 수확한 과수원에서 연간 나무와 과실이 흡수한 3요소의 양은 질소 2kg, 인 1kg, 칼륨 2.5kg이었다. 대체적으로 추정되는 천연공급량은 흡수량의 1/2이며, 비료요소의 흡수율은 질소 50%, 인 30%, 칼륨 40%이다. 그렇다면 질소의 이론적 시비량은 얼마인가?
   식물체 내의 질소 흡수량 2kg, 질소의 천연공급량 1kg, 질소의 흡수율 0.5이므로 이를 공식에 대입하면 시비량 $= \frac{(2-1)}{0.5} = 2$이다. 즉, $100m^2$당 2kg의 질소를 시비하면 된다.

(2) 최소양분율의 법칙(나무물통의 법칙)
1) 독일의 화학자 리비히(Justus von Liebig)에 의하여 제창되었다.
2) '필요한 양분 중에서 공급이 가장 적은 양분(최소양분)이 작물의 생육을 제한한다. 즉, 작물의 생육은 다른 양분의 공급의 다소와는 관계없이 최소양분의 공급량에 의하여 지배된다.'는 것을 최소양분율의 법칙이라고 한다.

(3) 수확체감의 법칙
비료요소를 사용할 때 시용량이 적은 한계 내에서는 시용량의 증가에 따른 수확량의 증가가 크지만 어느 한계이상으로 시용량이 많아지면 시용량의 증가에 따른 수확량의 증가는 점점 작아지고 마침내는 시비량이 증가해도 수확량은 증가하지 않는 상태에 도달하게 된다. 이를 수확체감의 법칙이라고 한다.

(4) 작물의 종류와 시비

1) 종자를 수확하는 작물
영양생장기에는 질소질 비료, 생식생장기에는 인산질 비료와 칼륨질 비료를 많이 준다.
2) 과실을 수확하는 작물
결실기에 인산질 비료와 칼륨질 비료를 많이 준다.
3) 잎을 수확하는 작물
질소질 비료를 많이 준다. 엽채류(葉菜類)와 같은 1년생 또는 2년생작물은 토양 중에 가급태(可給態, 작물이 실제로 이용할 수 있는 상태)질소가 충분히 있어야 하기 때문에 속효성 비료가 알맞고, 뽕나무와 같은 영년생(永年生, 다년간 생육이 계속되는 작물)작물에 있어서는 양분이 체내에 저장되도록 질소질 비료를 충분히 시비하여야 한다.
4) 줄기를 수확하는 작물
아스파라거스, 토당귀 등과 같이 연화재배(軟化栽培)를 하는 작물은 연화기 전년도에 충분히 시비한다. 연화재배는 작물의 전체 또는 필요한 부분에 광을 차단시켜 줄기나 잎이 희고 연하게 되도록 재배하는 방법을 말한다.
5) 뿌리나 지하경을 수확하는 작물
생육초기에는 질소질 비료를 많이 주고, 양분이 뿌리나 지하경에 저장되기 시작하는 시기에는 칼륨질 비료를 많이 준다.

(5) 시비시기 및 횟수

1) 파종 또는 이식 전에 시비하는 것을 밑거름(基肥)이라 하고 생육 도중에 시비하는 것을 덧거름(追肥)이라고 한다.
2) 밑거름(基肥)은 지효성 비료(퇴비, 두엄, 녹비, 깻묵 등)가 알맞고, 덧거름(追肥)은 속효성 비료(인분뇨, 유안, 요소 등)가 적당하다.
3) 식질토는 흡비력(吸肥力)이 강하므로 밑거름(基肥)에 중점을 두어야 하고 사질토는 비료의 유실이 빠르므로 자주 덧거름(追肥)을 해 줄 필요가 있다.

(6) 비료배합 시 주의할 점

1) 비료 성분이 소실되지 않도록 하여야 한다.

질산태(窒酸態) 질소와 유기질 비료를 혼합하면 질산이 소실되기 때문에 질산태(窒酸態) 질소와 유기질 비료를 배합하는 것은 바람직하지 않다. 또한 암모니아태 질소와 알칼리성 비료를 혼합하면 암모니아가 기체로 변하여 휘산된다.

2) 비료 성분이 불용성(不溶性)이 되지 않도록 하여야한다.

　　과인산석회(과석)와 알카리성 비료를 혼합하면 과인산석회(과석)의 주성분인 수용성 인산이 불용성(不溶性)으로 변한다. 따라서 과인산석회(과석)와 알칼리성 비료를 혼합하는 것은 바람직하지 않다.

3) 비료가 습기를 흡수하지 않도록 하여야 한다.

　　과인산석회(과석)와 염화칼륨를 배합하면 흡습성(吸濕性)이 높아져서 용해되거나 굳어진다. 따라서 과인산석회(과석)와 염화칼륨을 혼합하는 것은 바람직하지 않다.

(7) 엽면시비

1) 비료를 수용액으로 만들어 잎에 살포하는 것을 엽면시비라고 한다.
2) 엽면시비는 토양조건이나 뿌리의 조건이 뿌리를 통한 양분흡수에 지장이 있을 때 또는 미량원소 결핍증에 대한 응급조치로서 효과가 크다.
3) 엽면시비는 잎의 앞면(표면)보다 뒷면(이면)에 시비하는 것이 더 효과적이다. 그 이유는 잎의 앞면(표면)이 뒷면(이면)보다 큐티큘라층이 두꺼워 세포조직이 치밀하고 기공이 적기 때문에 비료의 흡수력은 뒷면(이면)이 더 크기 때문이다.
4) 엽면흡수는 잎의 생리작용이 왕성할 때 흡수율이 높고 가지나 줄기의 정부(頂部)에 가까운 잎에서 흡수율이 높다.
5) 석회를 가용하면 흡수가 억제된다.
6) 전착제(넓게 퍼지게 하는 보조제로서 농업용 비누, 계면활성제 등이 있다)를 가용하는 것이 흡수율을 높인다.

확인문제

과수의 엽면시비에 관한 설명으로 옳지 않은 것은?[2회]
① 뿌리가 병충해 또는 침수 피해를 받았을 때 실시할 수 있다.
② 비료의 흡수율을 높이기 위해 전착제를 첨가하여 살포한다.
③ 잎의 윗면보다는 아랫면에 살포하여 흡수율을 높게 한다.
❹ 고온기에는 살포농도를 높여 흡수율을 높게 한다.

(8) 비료의 흡수율(이용률)

1) 시비한 비료성분량 중 작물이 흡수·이용한 양이 차지하는 비율을 비료의 흡수율(이용률)이라고 한다.
2) 흡수율은 일반적으로 질소 30~50%, 칼륨 40~60%, 인산 10~20%이다.
3) 비료의 흡수율(이용률)에 영향을 주는 요인
   ① 비료의 성분
   ② 비료의 화학적 상태
   ③ 시비의 시기
   ④ 토양 조건
   ⑤ 작물의 종류 및 품종

06 정지와 전정

❶ 정지·전정의 의의

나무의 골격이 되는 부분을 계획적으로 구성하고 유지하여 나무의 모양을 만드는 작업을 정지(整枝)라고 하며, 잔가지를 자르거나 솎아주어 과실의 결실을 조절하고 결과지(結果枝, 열매가 열리는 가지)를 손질하는 것을 전정(剪定)이라고 한다.

❷ 전정의 효과

1) 정부(頂部)의 전정은 수목을 작게(矮小) 만든다.
2) 목적하는 수형을 만든다.
3) 수세(樹勢)의 갱신을 도와 결과(結果)를 좋게 하고 결과 부위의 웃자람을 막아 관리를 편리하게 한다.

4) 해거리(격년결과)를 방지한다.
5) 통풍과 수광을 좋게 한다.
6) 병·해충의 피해 부분이나 잠복처를 제거한다.

③ 전정의 종류

(1) 자름전정(heading back)

소지, 줄기, 신초(新梢, 당년에 자라난 가지)등의 정부(頂部)를 제거하는 것을 자름전정(절단전정, heading back) 이라고 하는데, 자름전정에서는 기부는 제거하지 않는다.
자름전정을 하면 수개의 새로운 측아가 발육되어 빽빽한 가지를 치게 된다.

(2) 솎음전정(thinning out)

소지, 줄기, 신초(新梢)등을 기부에서 제거하여 솎아내는 것을 솎음전정(thinning out)이라 하는데 솎음전정을 하면 나무가 넓게 트이게 된다.

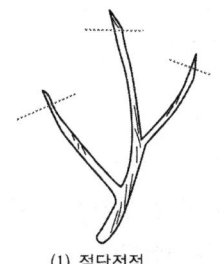 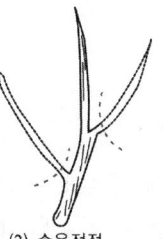

(1) 절단전정　　　　　(2) 솎음전정

[전정의 종류]

④ 수목의 정지와 수형

(1) 원추형(central leader)

주간(株幹, 주된 줄기)을 곧게 세워가며 몇 개의 주지(株枝)를 적절히 배치하는 것이다. 줄기와 가지의 접합부에 튼튼한 분지각(分枝角, 가지가 갈라져 나온 각도)을 발육시킨다는 장점이 있고 내부가 그늘지게 되어 주간(株幹, 주된 줄기)이 약화될 수 있다는 단점이 있다.

(2) 개심형(開心形, open center)

주간이 없고 몇 개의 대등한 주지(株枝)만을 키우는 것으로 나무의 키가 낮아 열매따기나 가지솎기 등의 작업이 편리하다는 장점이 있는 반면 가지가 부러지기 쉽다는 단점이 있다.

(3) 변칙주간형

원추형과 개심형의 중간 형태라고 할 수 있는 것으로 일정한 높이에 이르러 주간(株幹, 주된 줄기)을 제거하여 개심한다. 변칙주간형은 과수의 정지에 가장 적합한 방식이라고 할 수 있다.

[여러 가지 수형]

⑤ 원예작물의 전정

(1) 핵과류(복숭아, 앵두, 자두)

핵과류의 열매는 2년생지에 맺는데 첫해에는 신초에 화아가 생기고 다음해에 개화.결실한다. 복숭아는 개심형으로 정지하고 앵두, 자두는 변칙주간형으로 정지한다.

(2) 인과류(사과, 배)

영양생장기에는 원추형으로 정지하였다가 생식생장기로 전환하는 시기에 변칙주간형으로 정지한다.

(3) 장과류(포도)

포도는 전년에 나온 가지를 결과모지(結果母枝, 결과지(열매가 달리는 가지)가 붙는 가지를 말하는데 일반적으로 결과지보다 1년이 더 묵은 가지이다.)로 하여 그 눈에서 나오는 새로운 가지위에 결실되므로 전년생 가지를 전정한다.

(4) 각과류(호두, 개암)

호두는 변칙주간형으로 정지하고 개암은 원추형으로 정지한다.

(5) 장식용 관목

1) 관화용 마르멜로와 같이 생육이 느린 관목의 전정은 휴면기(休眠期)에 실시하며 죽은 줄기만을 제거한다.
2) 개나리, 자스민과 같이 생육이 빠르고 1년생 가지에 꽃과 열매를 맺는 관목의 전정은 개화 직후에 실시한다.
3) 덩굴장미, 백일홍과 같이 생육이 빠르고 금년생 가지에 꽃과 열매를 맺는 관목의 전정은 휴면기(休眠期)에 실시하며 2년생 또는 3년생 가지를 제거한다.

07 병충해와 방제

❶ 해충

(1) 곤충류

1) 줄기와 잎을 먹는 곤충 : 나방의 모충, 메뚜기의 유충, 투구풍뎅이
2) 뿌리를 먹는 곤충 : 딸기뿌리벌레, 오이흰테벌레, 오이투구풍뎅이 유충
3) 줄기에 구멍을 뚫는 곤충 : 옥수수벌레, 호박덩굴을 뚫는 곤충
4) 표피를 뚫고 엽록체, 수용성 자양분 등을 빨아 먹는 곤충 : 진딧물, 풍뎅이, 멸구, 깍지충

(2) 기생 선충류

1) 뿌리를 침범하는 선충 : 노트, 라이전, 팁
2) 잎을 침범하는 선충 : 잎선충

3) 살구, 아보카도, 복숭아, 감귤, 대추야자 등은 기생 선충류에 저항성을 가지고 있다.

확인문제

다음 설명에 해당되는 해충은? [1회]

○ 알상태로 눈기부에서 월동하고 연(年)10세대정도 발생하며 잎뒷면에서 가해한다.
○ 사과나무에서 잎을 뒤로 말리게 하고 심하면 조기낙엽을 발생시킨다.

❶ 사과혹진딧물　　　　　　　　② 복숭아심식나방
③ 사과굴나방　　　　　　　　　④ 조팝나무진딧물

---

❷ 병균

(1) 병균별로 일으키는 병은 다음과 같다.

병균	일으키는 병
진균	탄저병, 노균병, 흰가루병, 배추뿌리잘록병, 역병
세균	근두암종병, 세균성 검은썩음병, 무름병, 풋마름병, 궤양병
바이러스	모자이크병, 사과나무고접병, 황화병, 오갈병, 잎마름병
마이코플라스마	오갈병, 감자빗자루병, 대추나무빗자루병, 오동나무빗자루병

(2) 탄저병은 잎자루에 검은 반점이 나타나며, 고온, 다습하고 질소질 비료가 과다할 경우 많이 발생한다.

(3) 모자이크병은 잎사귀의 일부가 황화되지만, 황화병은 잎사귀 전체가 황화된다.

(4) 오갈병(위축병)은 식물이 정상적인 것에 비해 작아지는 병으로서 바이러스나 마이코플라스마에 감염된 경우 발생한다.

❸ 병충해의 방제방법

(1) 생물학적 방제

특정 병해충의 천적인 육식조나 기생충을 이용하는 방법이다. 천적을 이용하는 생물학적 방제의 장점은 화학약품의 사용이나 다른 구제방법이 불필요하다는 점이며, 단점은 완전한 구제가 어렵다는 점이다.

1) 대상 해충과 천적

대상 해충	천적	이용 작물
점박이응애	칠레이리응애	딸기, 오이, 화훼
	긴이리응애	수박, 오이, 참외, 화훼
	캘리포니아커스이리응애	수박, 오이, 참외, 화훼
	팔리시스이리응애	사과, 배, 감귤
온실가루이	온실가루이좀벌	토마토, 오이, 화훼
진딧물	진디흑파리	엽채류, 과채류
총채벌레류, 진딧물류, 잎응애류, 나방류 알 등 다양한 해충의 천적	애꽃노린재	엽채류, 과채류, 화훼류
잎굴파리	명충알벌	고추, 피망
	굴파리좀벌	토마토, 오이, 화훼

2) 페르몬을 이용한 방제
   ① 페르몬은 휘발성이 높은 화합물로서 곤충의 조직에서 분비되어 동종의 다른 개체에 특유한 행동이나 발육분화를 일으키는 물질이다.
   ② 페르몬트랩을 이용하여 방제할 수 있는 것으로는 사과무늬잎말이나방, 사과굴나방, 은무늬굴나방, 복숭아심식나방, 복숭아순나방, 배추좀나방, 담배나방 등이 있다.

(2) 재배적 방제(경종적 방제)

재배환경을 조절하거나 특정 재배기술을 도입하여 병충해의 발생을 억제하는 방법이다.
경작토지의 개선, 품종개량, 재배양식의 변경, 중간 기주식물의 제거, 생육기 조절, 시비법 개선, 윤작 등이 있다.

(3) 화학적 방제

1) 농약에 의한 방제를 말한다. 농약에는 살균제, 살충제 등이 있다.
2) 농약사용에 있어 고려할 점은 다음과 같다.
   ① 혼합제의 경우 3가지 이상을 혼합하지 않는 것이 바람직하다.
   ② 수화제는 수화제끼리 혼합하여 사용하는 것이 좋다.
   ③ 4종 복합 비료와 혼용하여 살포하여서는 안된다.

④ 나무가 허약할 때나 관수하기 직전에는 살포하지 않는다.
⑤ 차고 습기가 많은 날은 살포를 피한다.
⑥ 25℃를 넘는 기온에서는 살포하지 않는다.
⑦ 농약을 살포할 때는 모자, 마스크, 방수복을 착용한다.
⑧ 바람이 강한 날은 살포하지 않는다.
⑨ 바람은 등지고 살포하여야 한다.

3) 농약의 독성은 반수치사량(LD50)으로 표시한다. 반수치사량이란 농약실험동물의 50% 이상이 죽는 분량이다. 농약은 독성에 따라 Ⅰ급(맹독성), Ⅱ급(고독성), Ⅲ급(보통독성), Ⅳ급(저독성)으로 분류한다.

(4) 물리적 방제

가장 오래된 방제방법으로 낙엽의 소각, 과수에 봉지씌우기, 유화등이나 유인대를 설치하여 해충 유인 후 소각, 밭토양의 담수 등의 방법으로 방제하는 것이다.

(5) 법적 방제

식물검역법 등 관계법령에 의해 병해충의 국내 유입을 막고 국내에 유입된 것이 확인되면 그 전파를 막기 위하여 제거.소각 등의 조치를 취하는 방제방법이다.

(6) IPM(Integrated Pest Management)

IPM은 해충개체군 관리시스템을 말한다. IPM은 완전방제를 목적으로 하는 것은 아니며 피해를 극소화 할 수 있도록 해충의 밀도를 줄이는 방법이다. 경제적, 환경적, 사회적 요인을 고려하여 생물학적, 물리적, 화학적, 재배학적 방법을 종합적으로 사용하는 것을 의미한다. FAO(유엔식량농업기구)는 IPM을 다음과 같이 정의하고 있다.
"IPM은 모든 적절한 기술을 상호 모순되지 않게 사용하여 경제적 피해를 일으키지 않는 수준이하로 해충개체군을 감소시키고 유지하는 해충개체군 관리시스템이다."

> **확인문제**
> 작물의 병해충 방제법 중 경종적 방제에 관한 설명으로 옳은 것은?[1회]
> ① 적극적인 방제기술이다.
> ❷ 윤작과 무병종묘재배가 포함된다.
> ③ 친환경농업에는 적용되지 않는다.
> ④ 병이 발생한 후에 더욱 효과적인 방제기술이다.

확인문제

작물의 병해충 방제법 중 생물적 방제에 해당하는 것은?[2회]
① 윤작 등 작부체계의 변경　　② 멀칭 및 자외선 차단필름 활용
❸ 천적 곤충 이용　　④ 태양열 소독

확인문제

해충과 천적의 관계가 바르게 짝지어지지 않은 것은?[2회]
① 잎응애류 - 칠레이리응애　　❷ 진딧물류 - 온실가루이
③ 총채벌레류 - 애꽃노린재　　④ 굴파리류 - 굴파리좀벌

확인문제

병해충의 물리적 방제 방법이 아닌 것은?[4회]
❶ 천적곤충　　② 토양가열　　③ 증기소독　　④ 유인포살

확인문제

다음이 설명하는 해충과 천적의 연결이 옳은 것은?[4회]

○ 즙액을 빨아 먹고, 표면에 배설물을 부착시켜 그을음병을 유발시킨다.
○ 고추의 전 생육기간에 걸쳐 발생하며 CMV 등 바이러스를 옮기는 매개충이다.

❶ 진딧물 - 진디벌　　② 잎응애류 - 칠레이리응애
③ 잎굴파리 - 굴파리좀벌　　④ 총채벌레 - 애꽃노린재

memo

손해평가사 대비

제 7편 | 원예작물

01 원예작물의 분류

 과수의 분류

(1) 인과류

인과류는 꽃받기와 씨방이 함께 발육하여 자란 열매로서 식용부위는 위과(僞果)이다. 꽃은 꽃잎, 꽃받기, 수술, 암술로 되어 있고 수술은 수술머리와 수술대로, 암술은 암술머리, 암술대, 씨방(자방)으로 구성되어 있는데 이 중 꽃받기가 발육하여 과실이 된 것을 위과라고 한다. 사과, 배, 모과 등은 인과류에 해당한다.

(2) 준인과류

감, 감귤류, 오렌지 등은 준인과류에 해당한다.

(3) 핵과류

핵과류는 암술의 씨방(자방)이 발육하여 자란 열매로서 식용부위는 진과(眞果)이다. 진과는 심부에 1개의 씨를 가지고 있는 것이 특징이다. 복숭아, 앵두, 자두, 살구, 대추, 매실 등은 진과(眞果)이며 핵과류에 해당한다.

(4) 견과류(각과류)

견과류에는 호두, 개암, 밤, 아몬드 등이 있다.

(5) 장과류

장과류에는 포도, 무화과, 석류, 나무딸기 등이 있다.

> **확인문제**
> 과수 분류 시 인과류에 속하는 것은?[3회]
> ① 자두　　② 포도　　③ 감귤　　❹ 사과

> **확인문제**
> 과실의 구조적 특징에 따른 분류로 옳은 것은?[4회]
> ❶ 인과류 – 사과, 배　　　② 핵과류 – 밤, 호두
> ③ 장과류 – 복숭아, 자두　　④ 각과류 – 포도, 참다래

❷ 채소의 분류

(1) 채소는 식용부위에 따라 열매채소(과채류), 잎줄기채소(엽경채류), 뿌리채소(근채류)로 구분된다.

(2) 채소는 자라는 기간에 따라 1년생 채소와 다년생 채소로 구분된다.

(3) 채소는 생육에 적절한 온도 요구도에 따라 고온채소(호온성 채소)와 저온채소(호냉성 채소)로 구분된다.

(4) 채소의 분류

식용부위에 따른 분류			
	열매채소 (과채류)	가지과	가지, 토마토, 고추
		콩과	완두, 잠두, 땅콩
		박과	수박, 호박, 참외 오이, 메론
		기타	딸기, 옥수수
	잎줄기채소 (엽경채류)	엽채류(잎)	배추, 상추, 시금치, 쑥갓
		경채류(줄기)	죽순, 아스파라거스, 토당귀
		인경채류 (비늘줄기)	양파, 파, 마늘
		화채류(꽃)	꽃양배추(콜리플라워), 모란채(브로콜리)
	뿌리채소	직근류	무, 당근

		괴근류	고구마, 마
	(근채류)	괴경류	감자, 토란
		근경류	생강, 연근
자라는 기간에 따른 분류	1년생 채소		가지, 오이, 토마토, 호박, 시금치
	다년생 채소		딸기, 연근, 파, 미나리, 아스파라거스
온도의 요구도에 따른 분류	고온채소(호온성 채소)		가지, 토마토, 고추, 수박, 참외, 호박
	저온채소(호냉성 채소)		무, 배추, 양파, 시금치, 파, 미나리, 딸기

(5) 채소의 주요 기능성 물질

채소	주요 기능성 물질	효능
고추	캡사이신	암세포 증식 억제
토마토	라이코펜	항산화 작용, 노화 방지
	루틴	혈압 강하
수박	시트룰린	이뇨작용 촉진
오이	엘라테렌	숙취 해소
마늘	알리인	살균작용, 항암작용
양파	케르세틴	고혈압 예방, 항암작용
	디설파이드	혈압응고 억제
상추	락투신	진통효과
딸기	메틸살리실레이트	신경통 치료, 루마티스 치료
	엘러진 산	항암작용
생강	시니그린	해독작용

확인문제

다음이 설명하는 채소는?[4회]

○ 무, 치커리, 브로콜리 종자를 주로 이용한다.
○ 재배기간이 짧고 무공해로 키울 수 있다.
○ 이식 또는 정식과정 없이 재배할 수 있다.

① 조미채소   ② 뿌리채소   ❸ 새싹채소   ④ 과일채소

❸ 화훼의 분류

(1) 화훼는 생육습성에 따라 일년초화, 숙근초화, 구근초화, 화목류로 구분된다.

(2) 화훼는 화성유도(花成誘導)에 필요한 일장(日長)에 따라 장일성(長日性), 단일성(短日性), 중간성 화훼로 구분된다.

(3) 화훼는 생육에 있어 수습(水濕)의 요구도에 따라 건생, 습생, 수생 화훼로 구분된다.

(4) 화훼의 분류

생육습성에 따른 분류	초화(일년초)	채송화, 봉선화, 접시꽃, 맨드라미, 나팔꽃, 코스모스, 스토크
	숙근초화	국화, 옥잠화, 작약, 카네이션, 스타티스
	구근초화	글라디올러스, 백합, 튤립, 칸나, 수선화
	화목류	목련, 개나리, 진달래, 무궁화, 장미, 동백나무
화성유도(花成誘導)에 필요한 일장(日長)에 따른 분류	장일성(長日性)	글라디올러스, 시네라리아, 금어초
	단일성(短日性)	코스모스, 국화, 포인세티아
	중간성	카네이션, 튤립, 시클라멘
수습(水濕)의 요구도에 따른 분류	건생	채송화, 선인장
	습생	물망초, 꽃창포
	수생	연

확인문제

추파 일년초에 속하는 화훼작물은?[2회]
❶ 팬지　　　② 맨드라미　　　③ 샐비어　　　④ 칸나

02 주요 원예작물의 재배 및 관리

1 사과의 재배기술

(1) 사과는 장미과에 속하며 25종으로 이루어진 사과나무속 식물의 열매이다.

(2) 사과는 생육기 평균기온이 15~18℃의 비교적 서늘한 기후에서 재배되는 북부 온대과수이다.

(3) 휴면기간 중에는 7℃ 이하의 적산기간이 1,200~1,500시간 정도 경과되어야 자발휴면이 타파되어 발아, 전엽, 개화 등의 생육이 정상적으로 이루어진다.

(4) 과실의 생장은 초기에는 세포분열에 의한 종축생장, 후기에는 세포비대에 의한 횡축생장으로 이루어지는데 온도가 높은 따뜻한 지역은 후기생장이 충분히 이루어져 과실모양이 편원형이 되기 쉽고, 생육후기의 온도가 낮은 지역은 후기생장이 일찍 정지되어 원형 또는 장원형이 된다.

확인문제

사과 모양과 온도와의 관계를 설명한 것이다. ( )에 들어갈 내용을 순서대로 나열한 것은?[4회]

> 생육 초기에는 ( )생장이, 그 후에는 ( )생장이 왕성하므로 따뜻한 지방에서는 후기 생장이 충분히 이루어져 과실이 대체로 ( )모양이 된다.

[편원형]   [장원형]

❶ 종축, 횡축, 편원형   ② 종축, 횡축, 장원형
③ 횡축, 종축, 편원형   ④ 횡축, 종축, 장원형

---

(5) 사과의 뿌리는 지온이 7℃ 정도에서부터 생장이 개시되어 20℃ 전후에서 왕성하나 30℃를 넘어가면 생장이 억제된다. 따라서 대체로 지온이 낮은 봄에는 보온덮개 등을 피복하여 지온상승을 꾀하고, 여름철 고온기에는 초생재배, 멀칭 등으로 고온에 의하여 뿌리가 장해를 받지 않도록 하

는 것이 중요하다.

(6) 사과나무의 생육에 적절한 토양반응은 pH 6.0정도이다.

(7) 사과(후지)과실의 착색 증진방법
  1) 웃자란 가지제거
      햇빛은 착색에 가장 필요한 요건 중의 하나이다. 수관 내부 과실에까지 햇빛이 고루 들게 하면 동화작용이 왕성하게 되어 과실이 비대해지고 당도도 높아지며 착색도 양호하게 된다. 이를 위해서는 6~7월의 하기 전정(剪定)과 더불어 9월 하순에 과실을 그늘지게 하는 비결실지를 제거하여 수관 내부까지 고르게 햇빛을 잘 들게 하여야 한다.
  2) 봉지 벗기기
      ① 사과 재배에 있어서 봉지 씌우기는 병해충 및 동녹방지 수단으로 이용되어 왔으나 근래에는 착색 증진을 위해서도 실시되고 있다. 과실에 봉지를 씌우면 차광에 의해서 과실 표피의 왁스 층이 얇아지고 엽록소가 생기지 않아 광선을 받게 되면 착색이 쉽게 된다. 봉지를 씌워 재배할 경우 적절한 시기에 봉지를 벗겨야 한다. 봉지 벗기는 시기가 너무 빠르면 일시적으로 착색되지만 다시 엽록소가 형성되어 녹색이 되고 그 후에는 붉게 착색되지 않는 부분이 많아지며 충해 피해를 받을 우려가 있다. 또한 너무 늦으면 착색이 충분히 되지 않는다. 후지의 경우는 수확하기 30~40일전이 알맞고 홍월은 20~25일전이 알맞으며 조생종인 쓰가루는 수확기의 고온 등에 의해 벗기는 시기가 불분명한데 과실내 당도가 11~12°Bx가 되고 야간 기온이 20℃이하가 될 때 벗기면 착색이 좋아진다.
      ② 착색 2중 봉지인 경우에는 봉지 벗긴 후 갑자기 직사광선에 노출되면 일소 피해를 입기 쉬우므로 겉 봉지를 먼저 벗기고 속 봉지는 겉 봉지 벗긴 후 5~7일후 벗긴다.
      ③ 일소 피해는 과실의 온도가 낮은 상태이거나 수분이 많은 조건하에서 쉽게 발생한다. 따라서 봉지 벗기기는 구름 낀 날 실시하는 것이 좋고 수관 상부나 남향의 햇빛 잘 받는 부분은 과실 온도가 충분히 높아져 있는 낮 12시부터 14시 사이에 실시하며 수관 내부나 북향은 아침, 저녁으로 실시한다. 또한 비가 온 직후의 봉지 벗기기는 일소를 받기 쉬우므로 피하는 것이 좋다.
  3) 잎 따주기 및 과실 돌려주기
      ① 과실 하나하나의 착색 증진을 위하여 과실 주위의 잎을 따 주는 것과 과실 돌려주기를 한다. 잎 따주기는 후지의 경우 10월 상순에 과실을 직접 덮고 있는 잎을 제거한다.
      ② 잎 따주기는 너무 일찍 실시하거나 과도하게 잎을 따 주면 당도가 저하하고 안토시아닌 생성이 억제되어 오히려 착색이 나빠지므로 주의해야 한다.
      ③ 잎을 따 주면서 착색이 덜된 부분이 햇빛에 노출되도록 과실을 돌려준다. 이때 주의할 것은 과실이 낙과되거나 가지에 스쳐 상처를 입지 않도록 과실을 약간 당기면서 돌려주어야 한다.

4) 반사필름 깔아 주기

광투과율이 높은 사과나무에서도 과실의 밑부분까지 완전히 착색시키기란 쉽지 않다. 잎을 따 주고 과실을 돌려주어도 과실의 하단부쪽이나 수관 내부에 있는 과실은 착색이 불량한 경우가 많다. 따라서 봉지를 벗긴 후 수관 하부에 반사 필름을 깔아주면 햇빛이 잘 투과되어 착색을 증진시킬 수 있으며 특히 햇빛이 잘 닿지 않던 과실 밑부분까지 고르게 착색시킬 수 있다.

5) 질소비료의 시용을 줄인다.

과실 착색을 저해하는 요인 중의 한 가지는 질소비료의 과다 시용이다. 잎에 질소 함량이 높을수록 과실의 착색이 불량하게 된다.

② 사과의 생리적 장해 및 병충해 관리

(1) 사과의 생리적 장해

	원인 및 증상	대책
적진병	8월경에 새 가지의 어린잎의 색깔이 노란색으로 변하는 황화현상이 나타나고, 가지의 껍질이 울퉁불퉁해지며 내부 조직에 검은색의 죽은 부분이 생기는데, 2~3년 후에는 가지에 둥근 모양의 균열이 생기며, 심하면 죽는다.	· 땅이 산성이면 석회를 사용하여 땅을 중화시킨다. · 땅이 건조하거나 습하지 않도록 물주기와 물빼기를 철저히 한다.
고두병	· 과실 내 고토석회의 성분이 모자라 생기는 병으로 과실 껍질 바로 밑의 과육에 죽은 부위가 나타나고, 점차 갈색 병반이 생기면서 약간 오목하게 들어간다. · 주로 저장 중에 많이 발생한다. 후지, 조나골드, 세계일 등의 품종에서 심하게 나타난다.	· 석회를 전층시비하고, 질소와 칼륨질 거름의 지나친 사용을 피한다. · 염화칼슘 0.3%액을 수확 6주 전부터 1주일 간격으로 5~6차례 살포해준다. · 배수불량, 과다한 가지치기, 열매솎기는 발생을 조장한다.

(2) 사과의 병충해

	원인 및 증상	대책
진딧물류	· 사과혹진딧물, 조팝나무진딧물이 잎의 즙액을 빨아 사과나무에 피해를 준다. · 사과혹진딧물은 잎이 나오기 시작할 때부터 발생하는데, 해를 입은 잎을 세로로 뒤쪽으로 말리고 그 속에 무리지	· 진딧물 전용 조아진 유제, 모노프 액제, 아시트 수화제, 피리모 수화제, 메타 유제 등의 살충제를 뿌린다.

	어 피해를 주는 것이 특징이다. · 조팝나무진딧물은 피해를 입은 잎이 말리지 않는다. 많이 발생하면 배설물이 검게 그을린 것같이 되어 새싹이나 과실을 더럽힌다.	· 수확기가 가까워지면 살충제뿌리는 것을 중지한다.
응애류	· 점박이응애와 사과응애, 벚나무응애 등이 주로 잎의 즙액을 빨아 사과나무에 피해를 준다. · 작아서 눈으로 구별하기 어렵다. 1년에 7~8번 발생하는데, 점박이응애는 어미가 나무 위나 풀 속에서 월동하고, 사과응애는 알로 나무 위에 붙어 월동한다. · 덥고 건조하면 응애가 많이 발생하는데, 응애가 피해를 준 잎은 먼지가 낀 것처럼 퇴색하고, 잎의 기능이 떨어져서 꽃눈의 분화가 불량해지고, 과실의 품질이 떨어진다.	· 여러 종류의 응애전용 살비제를 번갈아 뿌린다. · 월동한 알은 새싹이 트기 전에 기계유유제를 뿌려 방제한다.
탄저병	· 덥고 습할 때 과실에 발병한다. · 과실 표면에 작고 검은 반점이 생기고, 연한 갈색의 둥근 무늬가 생기다가 갑자기 커지면서 습기를 띠고 병반이 움푹 들어간다. · 병반이 더욱 커지면 표면에 검은색의 작은 점이 생기고, 둥근 무늬를 만들며, 습도가 높을 때 병반에 갈색의 점액이 나온다. · 과실 및 가지에 발생하는데, 후지 품종에 특히 심하게 발병한다.	· 병든 과실은 땅에 묻어 없앤다. · 아카시아 산울타리를 만들지 말고, 질소질 거름을 조금 준다. · 여름철에 빗물이나 곤충에 의하여 전염되므로 수파트 수화제, 다이센 M45 등의 살균제와 살충제를 섞어 7~10일 간격으로 뿌린다.

③ 배의 재배 및 관리

1) 일반적으로 배는 연평균 기온이 11~16℃ 정도, 생육기인 4~10월에는 평균기온이 20℃, 8~9월의 평균기온은 22℃ 정도를 유지해야 한다. 즉 1일 평균 기온이 10℃ 이상 되는 일수가 215~240일 정도 되어야 좋은 품질의 배를 생산할 수가 있다. 과실비대의 적온은 16~18℃이며 적산온도는 1,650~2,600℃이다. 겨울동안 추운지방에서는 주간과 주지의 분기점에 동해를 받아 2차적으로 동고병의 피해를 받으므로 −25℃ 이하로 내려가지 않는 지역이 적다.

2) 배는 기온의 영향을 많이 받는다. 특히 기온에 따라 배의 외양이나 맛에 차이가 있다. 예컨대 한지산 장십랑은 장원형이 되고 과심이 크나 난지산은 편원형이고 과심이 작다. 한지산은 외관이 좋고 맛이 담백하며 난지산은 감미는 많으나 과피가 거칠다.

3) 배가 맛이 좋으려면 첫째 달아야 한다. 여러 가지 요인에 의하여 좌우되는 단맛은 당도로 표현된다. 배에서는 당도가 11°Bx(%)면 보통정도의 단맛이다. 단맛이 상당히 높다고 느껴지기 시작할 때는 13°Bx이다. 당도가 15°Bx이면 단맛이 매우 강하다.

4) 배나무는 비교적 토양적응성이 넓으며, 토양산도는 pH 5.5~6.5의 미산성을 좋아한다.

❹ 토마토의 재배 및 관리

(1) 생육에 가장 적당한 온도는 낮 온도가 25~27℃이고, 밤 온도는 17℃ 정도이다.

(2) 토마토는 호광성 식물로서 일조량이 많아야 생육이 잘되고, 일조량이 부족하면 꽃이 떨어지고 열매 맺음이 좋지 않을 뿐만 아니라 과실의 착색도 좋지 않다.

(3) 토마토의 생리적 장해

	원인 및 증상	대책
열과	• 열매꼭지를 중심으로 동심원 상태나 방사성상태로 불규칙하게 착색기에 있는 열매의 껍질이 터지는 현상이다. • 품종에 따라 다르나 공중습도가 높을 때나 흙속의 수분이 급격히 변할때 일어나기 쉽다.	• 송풍기에 의한 강제 환기로 공중습도를 낮추고, 밤 온도를 약간 높여 과실 내의 영양을 소모시킨다. • 염화칼슘 0.3% 용액을 과실에 뿌려준다.
배꼽 썩음과	• 생장점의 자람이 정지되고, 잎이 뒤틀리거나 꽃이 떨어진 흔적이 있는 배꼽부근이 검게 썩은 것처럼 된다. • 칼슘 성분이 부족한 것이 원인이다.	• 짚을 깔아 주어 여름철에 흙속의 온도가 높아지지 않도록 한다. • 3%의 염화칼슘을 1주일 간격으로 2~3회 뿌려준다.
공동과	• 열매 속 젤리 상태의 물질이 꽉 차지 않고 일부가 비어 있는 것을 말하는데, 열매모양이 모가 나고 빈약해 보이며, 내부의 색깔이 좋지 않다. • 일조 부족이 가장 큰 원인이며, 기온이 높은 시기에 토마토톤을 많이 처리하였거나 한 화방에 두 번 이상 뿌렸을 때 발생하기 쉽다.	• 햇빛을 잘 받도록 하고, 밤에 너무 온도가 높지 않도록 관리해야 한다. • 토마토톤을 처리할 때 기상 상태를 보아 농도를 조절하여 뿌린다.
기형과	• 배꼽 부분이 뾰족하게 돌출한 것으로 열매전체가 심하게 일그러진 것까지 열매 모양이 기형적으로 자라는 것을 말한다. • 잘못된 착과제 처리, 낮은 온도, 질소질 거름 성분의 과다, 습도가 높을 때 발생한다.	생육 환경을 개선한다.

(4) 토마토의 병충해와 대책

	원인 및 증상	대책
시들음병	• 처음에 밑의 잎부터 시들어 노랗게 되고 점차 위의 잎으로 퍼져 올라간다. • 병이 점차 심해지면 포기 전체가 노랗게 되어 시들며, 갈색으로 말라죽는다. 피해 줄기를 갈라보면 도관부가 갈색으로 변해 있다. • 병원균은 종자와 땅속에서 월동한 후 기온이 높으면 발생하여 토양 선충, 토양의 염류, 습해 등에 의하여 뿌리가 상했을 때 잘 걸린다.	• 저항성이 강한 품종을 선택하여 재배한다. • 종자를 철저히 소독하여 뿌리고, 돌려짓기를 하거나 꺾꽂이나 접붙인 모종을 심어 가꾼다.
역병	• 더운물에 데친 것과 같은 암갈색 수침상의 병반이 잎에 생긴 후에 흑갈색 줄무늬로 변하면서 잎이 말라 죽는다. • 과일에도 암갈색의 병반이 생기고 움푹하게 들어간다. • 병에 걸린 포기나 토양 중에서 월동한 병원균이 감염원이 된다. 기온이 20℃ 전후이고 습도가 높을 때 많이 발생한다.	• 육묘 때부터 병든 포기를 골라내어 없앤다. • 환기를 철저히 하고 발생 전에 살균제를 5~7일 간격으로 뿌린다. • 짚을 깔아주어 병원균이 빗방울에 붙어 감염되는 것을 막는다. • 질소질 거름을 너무 많이 주지 않는다.

5 오이의 재배 및 관리

(1) 오이 꽃눈은 처음에는 암수의 구별 없이 한 꽃 안에서 분화하지만, 이것이 환경조건(온도, 일조량 등)에 의하여 암꽃 또는 수꽃으로 발달하게 된다.

(2) 오이의 암꽃 착생에 큰 영향을 끼치는 환경 조건은 온도와 일장이다.
  1) 육묘기간 중 야간 온도가 15℃ 이하의 지온에서 암꽃 착생률이 높아진다.
  2) 일조시간을 8시간 정도 짧게 하면 암꽃 착생을 촉진시킬 수 있다.

(3) 오이의 생리장해 및 대책
  1) 기형과는 저온, 일조 부족 및 수분 부족에 의한 광합성 저조 등이 원인이다. 구부러진 열매가 맺힐 때에는 맺히는 즉시 제거해 주어야 한다.
  2) 백변현상은 잎맥 사이의 녹색이 없어지고 황색과 흰색으로 되는 증상을 말한다. 이 증상은 오이 체내의 마그네슘 결핍 때문이다. 토양 중에 칼륨과 석회가 너무 많으면, 서로 길항작용을 일으켜 마그네슘의 흡수가 억제된다.

(4) 노균병의 원인, 증상 및 대책

1) 시설재배를 할 때 많이 발생하는 병으로 육묘기로부터 수확기간 중에 잎에만 발생하고, 덩굴과 과실에는 발생하지 않는다.
2) 떡잎의 발생초기에는 수침상의 병반이 나타나며, 확대되어 점차 갈색으로 변색한다.
3) 노균병은 기온이 20~25℃의 다습한 상태일 때나 밀식으로 통풍과 채광이 불량할 때 많이 발생한다.
4) 방제대책
   ① 환기를 철저히 해야 하고 하우스 토양이 과습하지 않도록 하며, 온도를 낮추어 주어야 한다.
   ② 병든 잎은 조기에 제거하여 불에 태우거나 땅속 깊이 파묻어야 한다.
   ③ 육묘할 때에는 병증이 없더라도 아주심기 전에 2~3회 정도 약제를 살포해야 하고, 아주심기 후에는 2주일에 1~2회씩 예방 위주로 실시해야 한다.
   ④ 살포약제로는 만코시수화제 또는 디크론수화제 600배액이나 로닥스수화제 500배액, 메타실수화제 1,500~2,000배액을 바꿔가면서 뿌려주어야 한다.

(5) 온실가루이

1) 온실가루이는 흰색의 작은 파리나 나방으로 잘못 알기 쉬운 흡즙성 해충이며, 주로 잎 뒷면에서 무리를 지어 즙액을 빨아먹는다.
2) 어미벌레는 1.4mm 정도의 작은 파리 모양으로 몸은 원래 옅은 황색을 띠고 있지만, 표면이 흰 왁스로 덮여 있어 흰색으로 보인다.
3) 온실가루이의 생육상태에 따라 약제에 대한 반응이 다르기 때문에 한두 번의 약제 살포로는 방제하기 어렵다. 따라서 약제방제에만 의존하지 말고, 온실가루이의 천적인 온실가루이 좀벌을 선발한 다음, 온실가루이 좀벌에 영향이 적은 농약을 선발하여 같이 이용함으로써 방제 효과를 높일 수 있다.

6 배추의 생리장해

1) 배추는 13℃ 이하의 저온에서 또는 장일의 강한 햇빛에서 재배를 하게 되면 결구에 필요한 잎 수의 분화가 되지 못한다. 또한 꽃눈이 분화가 되어 추대가 된다.
2) 결구 형성 초기에 배추의 잎줄기 부분에 검은 색의 작은 반점이 생기는 것은 질산태 질소의 지나친 공급이 그 원인이다.
3) 잎줄기에 흑갈색의 줄무늬가 생기고 균열이 생기는 것은 붕소의 결핍 증상이다.

03 원예작물의 수확 후 생리작용

❶ 수확 후 호흡작용

1) 과실의 호흡은 과실 내에 축적된 탄수화물 등의 저장양분이 산화되는 과정이다. 따라서 호흡과정에서 산소가 소모되며 이산화탄소와 에너지 및 호흡열이 생성된다.
   포도당이 호흡기재로 사용될 때의 호흡식은 다음과 같다.

$$C_6H_{12}O_6 + 6O_2 \rightarrow 6CO_2 + 6H_2O + ATP$$

포도당   산소   이산화탄소   물   에너지

2) 수확 후 과실의 호흡은 유전적인 영향과 주위환경의 영향을 받는다.
3) 과실의 호흡량은 온도에 의해 영향을 받는데 0 ~ 30℃의 범위에서 온도를 10℃ 낮출 때 마다 호흡량은 반(半)으로 줄어든다.
4) 일반적으로 호흡이 왕성한 품종은 수확 후 저장성이 약한 경향이 있다. 예를 들면 복숭아는 사과에 비해 호흡량이 많아서 사과 보다 저장성이 약하다.
5) 호흡하는 동안 발생하는 호흡열은 과실을 부패시키는 원인이 된다.
6) 호흡열의 발생으로 원예산물의 당분, 향미 등이 소모되기 때문에 호흡열은 원예산물의 저장수명을 단축시킨다.
7) 호흡열을 줄이기 위한 외부환경요인의 조절기술이 수확 후 품질관리에서 중요하다.
8) 호흡열을 줄이기 위해서 호흡량을 줄여야 하고 이를 위해 저온저장방법이 필요하다.
9) 호흡을 억제하고 과일이 생성하는 노화관련 가스를 제거하여 과실의 저장성을 한층 높이는 저장방식으로 CA저장방식이 있다. CA저장(Controlled Atmosphere Storage)은 저온저장방식에 저장고 내부의 가스농도 조성을 조절하는 기술을 추가한 것이다. 대기 중의 산소는 약 21%, 이산화탄소는 약 0.03%인데 CA저장은 저장고 내의 공기조성을 산소 8% 이하, 이산화탄소 1% 이상으로 만들어 주는 것이다. 이렇게 함으로써 원예산물의 호흡률을 감소시킬 수 있고 미생물의 성장도 억제하는 효과를 얻을 수 있다.
10) 호흡을 광합성과 비교하면 다음과 같다.

호 흡	광합성
호흡이 이루어지는 장소는 미토콘드리아(mitochondria)이다. 미토콘드리아(mitochondria)는 세포의 발전소라고도 불리 우는데 유기물질을 산화적 인산화 과정을 통해 생명유지에 필요한 아데노신3인산(ATP)의 형태로 변환하는 기능을 한다.	광합성이 이루어지는 장소는 엽록체이다
호흡은 항상 이루어진다.	빛이 있을 때 광합성이 이루어진다.
산소를 흡수하고 이산화탄소를 방출한다.	이산화탄소를 흡수하고 산소를 방출한다.
유기물을 무기물로 변화시킨다.	무기물을 유기물로 변화시킨다.
에너지를 방출한다.	에너지를 저장한다.
방열	흡열
이화작용	동화작용
적정 산소농도, 적정 온도, 낮은 이산화탄소 농도에서 증가한다.	일조량이 강할수록, 온도가 높을수록, 이산화탄소 농도가 클수록 증가한다.

❷ 호흡에 영향을 미치는 요인

(1) 온도

1) 온도는 작물의 광합성, 호흡 등과 같은 생리작용에 영향을 준다. 일반적으로 최저온도에서 최적온도에 이를 때 까지는 온도가 상승하면 작물의 각종 생리작용도 상승하게 된다. 온도가 10℃ 상승함에 따른 생리작용 반응속도의 증가 배수를 온도계수라고 하며 온도계수는 Q_{10} 으로 표시한다.

2) 호흡량의 온도계수는 높은 온도에서의 호흡률을 그 보다 10℃ 낮은 온도에서의 호흡률로 나누어서 계산한다. 호흡량의 온도계수를 Q_{10}, 높은 온도에서의 호흡률을 R_2, 10℃ 낮은 온도에서의 호흡률을 R_1이라고 하면 온도계수는 다음과 같이 표시된다. 일반적으로 높은 온도에서의 Q_{10}의 값은 낮은 온도에서의 Q_{10}의 값보다 작다.

$$Q_{10} = \frac{R_2}{R_1}$$

(2) 스트레스

1) 수확 후 원예산물은 받는 스트레스에 따라 호흡률이 크게 영향을 받는다. 호흡률이란 호흡으로 발산되는 CO_2량을 호흡에 필요한 O_2량으로 나눈 것을 말한다. 즉, 호흡률=$\frac{CO_2}{O_2}$ 이다.
2) 스트레스는 저온스트레스와 고온스트레스, 그리고 물리적 손상에 다른 스트레스 등이 있다. 수확 후 원예산물은 스트레스를 받게 되면 호흡증가, 에틸렌 발생, 페놀물질의 산화 등과 같은 생리적 변화가 유발된다.

(3) 대기조성

수확 후 원예생산물은 산소호흡(호기성호흡)을 한다. 그러나 산소의 농도가 2~3%로 떨어지면 산소가 부족하게 되어 무기호흡(혐기성호흡)을 하게 된다. 무기호흡(혐기성호흡)이 진행되면 이취(異臭)가 발생하게 된다.

③ 호흡상승과(climacteric fruits)와 비호흡상승과(non-climacteric fruits)

(1) 호흡상승과(climacteric fruits)

1) 작물이 숙성함에 따라 호흡이 현저하게 증가하는 과실을 호흡상승과(climacteric fruits)라고 하며, 사과, 토마토, 감, 바나나, 복숭아, 키위, 망고, 참다래 등이 있다.
2) 호흡상승과는 장기간 저장하고자 할 경우 완숙기보다 조금 일찍 수확하는 것이 바람직하다.
3) 호흡상승과의 발육단계는 호흡의 급등전기, 급등기, 급등후기로 구분된다.
    ① 급등전기는 호흡량이 최소치에 이르며 과실의 성숙이 완료되는 시기이다. 일반적으로 급등전기에서 과실은 수확한다.
    ② 급등기는 과실을 수확한 후 저장 또는 유통하는 기간에 해당된다. 급등기에는 계속적으로 호흡이 증가한다.
    ③ 급등후기는 호흡량이 최대치에 이르는 시기이다. 급등후기는 과실이 후숙 되어 식용에 가장 적합한 상태가 된다.
    ④ 후숙이 완료된 이후부터는 다시 호흡이 감소하기 시작하며 과실의 노화가 진행되어 품질이 급격히 떨어진다.

(2) 비호흡상승과(non-climacteric fruits)

숙성하더라도 호흡의 증가를 나타내지 않는 과실을 비호흡상승과(non-climacteric fruits)라고 하며,

오이, 호박, 가지 등의 대부분의 채소류와 딸기, 수박, 포도, 오렌지, 파인애플, 감귤 등이 있다.

❹ 과일의 생장과 호흡계수(호흡률)와의 관계

(1) 과일의 생장곡선
1) 일반적으로 작물의 생장속도는 발아 후 처음에는 느리다가 어느 정도 지나면 급격히 빨라지고, 성숙단계에 이르면 아주 느리게 나타난다. (S자 생장곡선)
2) 포도, 복숭아, 매실, 무화과, 블루베리 등의 과일의 생장곡선은 이중(二重)S자생장곡선으로 나타난다. 즉, 생장이 활발한 두 시기 사이에 생장이 아주 느리거나 거의 없는 시기가 있어 생장이 3단계로 명확히 구분된다.

(2) 호흡계수(호흡률)
1) 호흡으로 발산되는 이산화탄소(CO_2)량을 호흡에 필요한 산소(O_2)량으로 나눈 것을 호흡계수(RQ)라고 한다.

$$호흡계수 = \frac{이산화탄소의 양(CO_2)}{산소의 양(O_2)}$$

2) 호흡계수(호흡률)는 원예산물이 수확 된 후에는 낮아지는 것이 일반적이다. 비호흡상승과와 저장기관에서는 천천히 낮아지고, 미성숙과일과 영양조직에서는 빠르게 낮아진다.
3) 호흡계수(호흡률)는 호흡기질이 무엇인가에 따라 다르다.
   ① 포도당이 호흡기질로 쓰일 때 호흡계수는 1이며, 포도당에 비해 산소가 많은 물질이 호흡기질로 쓰이면 호흡계수는 1보다 크다.

   포도당이 호흡기질로 쓰일 때 호흡식은 다음과 같으며 호흡계수(호흡률)는 $\frac{6CO_2}{6O_2}=1$이다.

$$C_6H_{12}O_6 + 6O_2 \rightarrow 6CO_2 + 6H_2O + ATP$$

   ② 지방이 호흡기질로 쓰이면 호흡계수는 0.7 정도이다.

   지방이 호흡기질로 쓰일 때 호흡식은 다음과 같으며 호흡계수(호흡률)는 $\frac{18CO_2}{26O_2}=0.69$이다.

$$C_{18}H_{36}O_2 + 26O_2 \rightarrow 18CO_2 + 18H_2O + ATP$$

③ 단백질이 호흡기질로 쓰이면 호흡계수는 0.8정도이다.

단백질이 호흡기질로 쓰일 때 호흡식은 다음과 같으며 호흡계수(호흡률)는 $\dfrac{5CO_2}{6O_2} = 0.83$이다.

$$C_5H_{11}O_2N + 6O_2 \rightarrow 5CO_2 + 4H_2O + NH_3 + ATP$$

(3) 과일의 생장과 호흡률과의 관계

1) 일반적인 과일의 생장곡선은 S자형으로 나타난다.
2) 작물이 성숙됨에 따라 호흡률은 감소한다.
3) 호흡상승과(climacteric fruits)의 호흡곡선은 숙성단계에서 급격히 상승한다.
4) 비호흡상승과(non-climacteric fruits)의 호흡곡선은 숙성단계에서도 상승하지 않는다.

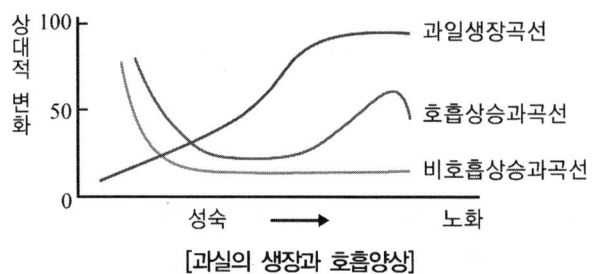

[과실의 생장과 호흡양상]

❺ 호흡속도

(1) 호흡속도의 의의

작물이 호흡하는 속도를 호흡속도라고 하며 일정시간동안의 호흡량으로 측정한다. 즉, 단위시간당 발생하는 이산화탄소의 양으로 표시한다.

(2) 호흡속도와 저장력

호흡속도가 빠르면 저장양분의 소모가 빠르다는 것이므로 저장력이 약화되고 저장기간이 단축된다.

반면에 호흡속도가 늦으면 저장력이 강화되고 저장기간이 연장된다.

(3) 물리적 · 생리적 장애와 호흡속도
원예산물이 물리적 손상을 받거나 생리적 장애를 받으면 호흡속도가 빨라진다. 따라서 원예산물의 호흡속도 변화를 통해 원예산물의 안전성과 생리적 변화를 파악할 수 있다.

(4) 원예산물의 호흡속도
생리적으로 미숙한 식물이나 잎이 큰 엽채류는 호흡속도가 빠르고, 성숙한 식물이나 양파, 감자 등 저장기관은 호흡속도가 느리다.
과일별 호흡속도를 비교해 보면 복숭아>배>감>사과>포도>키위 의 순으로 호흡속도가 빠르며, 채소의 경우는 딸기>아스파라거스, 브로콜리>완두>시금치>당근>오이>토마토, 양배추>무>수박>양파 의 순으로 호흡속도가 빠르다.

6 수확 후 증산작용

1) 증산은 식물체에서 수분이 빠져나가는 현상이다. 신선한 과일이나 채소의 경우 중량의 70 ~ 95%가 수분이며 수분은 원예산물의 신선도 유지와 밀접한 관련이 있다. 증산작용이 활발하게 이루어져 수분이 많이 빠져나가게 되면 원예작물의 신선도가 떨어지고 저장성이 약화되며 원예산물의 중량이 감소되어 상품성이 떨어진다.
2) 증산으로 인한 원예산물의 중량 감소는 호흡으로 인한 중량 감소의 약 10 배 정도나 된다. 따라서 증산이 많아질 경우 원예산물의 상품성이 현저히 떨어지게 된다.
3) 증산작용에 영향을 미치는 요인
   ① 주위의 습도가 낮을수록 증산은 증가한다.
   ② 상대습도가 낮을수록 증산은 증가한다.
   ③ 주위의 온도가 높을수록 증산은 증가한다.
   ④ 원예산물의 표면적이 클수록 증산은 증가한다.
   ⑤ 큐티클층이 두꺼우면 증산은 감소한다.
   ⑥ 저장고 내의 온도와 과실 자체의 품온의 차이가 클수록 증산은 증가한다.
   ⑦ 저장고 내의 풍속이 빠를수록 증산이 증가한다.
   ⑧ 대기 중의 수증기압과 원예산물의 수증기압의 차이를 클수록 증산이 증가한다.
4) 증산작용의 억제방법

① 고습도를 유지하여 증산을 억제한다.
② 저온을 유지하여 증산을 억제한다.
③ 상대습도를 높인다.
④ 공기 유통은 증산을 촉진하기 때문에 원예산물 저장소의 공기 유통을 최소화함으로써 증산을 억제한다.
⑤ 유닛쿨러(unit cooler)의 표면적을 넓힌다.
⑥ 플라스틱 필름포장을 한다.
⑦ 저장실 벽면을 단열 및 방습처리 한다.

❼ 에틸렌

(1) 에틸렌은 식물조직에서 생성되는 식물호르몬으로서 과실의 숙성을 촉진하기 때문에 숙성호르몬이라고도 하고 잎과 꽃의 노화를 촉진시키므로 노화호르몬이라고도 하며 식물체가 자극이나 병, 해충의 피해를 받을 경우 많이 생성되기 때문에 스트레스호르몬이라고도 한다. 또한 에틸렌은 엽록소(클로로필)를 분해하는 작용을 한다.

(2) 에틸렌의 생성

1) 과일의 발육과정에서 에틸렌의 생성량의 변화는 호흡량의 변화양상과 일치한다. 호흡이 급격히 증가하면 에틸렌의 생성량도 급격히 증가한다.
2) 대부분의 원예산물은 수확 후 노화가 진행될 때나 과실이 숙성되는 동안 에틸렌이 발생한다.
3) 작물을 수확하거나 잎을 절단하면 절단면에서 에틸렌이 발생한다.
4) 원예산물의 취급과정에서 상처를 입거나 스트레스에 노출되면 에틸렌이 발생하는데 이는 원예산물의 품질을 떨어뜨리는 요인이 된다.
5) 에틸렌은 일단 생성되면 스스로의 합성을 촉진시키는 자가촉매적 성질이 있다.
6) 공기 중의 산소는 에틸렌의 발생에 필수적인 요소이다. 산소농도가 6% 이하가 되면 에틸렌의 발생이 억제된다. 청과물의 신선도 유지와 장기간 저장을 위해서는 에틸렌의 발생을 억제하는 기술이 필요하다.

(3) 에틸렌의 발생과 저장성

1) 에틸렌 생성이 많은 작물은 저장성이 낮다. 조생종 품종은 만생종에 비해 에틸렌 생성량이 많으며 따라서 조생종이 만생종보다 저장성이 낮다.

2) 에틸렌은 노화를 촉진시켜 저장성을 떨어뜨린다.
3) 에틸렌은 오이, 수박 등의 과육이나 과피를 연화시켜 저장성을 떨어뜨린다.
4) 에틸렌은 오이나 당근의 쓴맛을 유기한다.
5) 에틸렌은 절화류의 꽃잎말이현상을 유기한다.
6) 에틸렌은 상추의 갈변현상(갈색으로 변하는 것)을 유기한다.
7) 에틸렌은 양배추의 엽록소를 분해하여 황백화 현상을 유발한다.
8) 원예산물의 신선도를 유지하기 위해 에틸렌의 합성을 억제하여야 하는데 이를 위해 CA저장법이 많이 이용되고 있다.

(4) 에틸렌 발생과 원예산물 저장 시 주의사항

1) 에틸렌을 다량으로 발생하는 품종과 그렇지 않은 품종을 같은 장소에 저장하지 않도록 하여야 한다.
   사과, 복숭아, 토마토, 바나나 등은 에틸렌을 다량으로 발생하는 품종이며, 감귤류, 포도, 신고배, 딸기, 엽채류, 근채류 등은 에틸렌을 미량으로 발생하는 품종이다.
2) 엽근채류는 에틸렌 발생이 매우 적지만 주위의 에틸렌에 의해서 쉽게 피해를 보게 된다. 에틸렌의 피해로 상추나 배추는 갈변현상이 나타나고 당근은 쓴 맛이 나며 오이는 과피의 황화가 촉진된다.

(5) 에틸렌의 이용

1) 에틸렌은 가스 상태로 존재하기 때문에 처리가 용이하지 않다. 따라서 에틸렌을 발생시키는 생장조절제로서 에세폰(ethephon)이라는 액체물질이 이용되고 있다.
2) 에틸렌(에세폰)의 이용
   ① 에틸렌을 발생하는 에세폰(ethephon)을 처리하여 조생종 감귤이나 고추 등의 착색 및 연화를 촉진시킨다.
   ② 에틸렌은 엽록소의 분해를 촉진하고 안토시아닌(antocyanins), 카로티노이드(carotenoids)색소의 합성을 유도하므로 감, 감귤류, 참다래, 바나나, 토마토, 고추 등의 착색을 증진시키고 과육의 연화를 촉진시킨다.
   ③ 에틸렌은 떫은 감의 탄닌성분 탈삽과정에 작용하여 감의 후숙을 촉진한다. 감의 떫은맛은 과실 내에 존재하는 갈릭산(gallic acid) 혹은 이의 유도체에 각종 페놀(phenol)류가 결합한 고분자 화합물인 탄닌(tannin) 성분에 의한 것이며 온탕침지, 알콜, 이산화탄소 처리, 에세폰 처리 등으로써 떫은맛의 원인이 되는 탄닌 성분을 불용화 시켜 떫은맛을 느낄 수 없게 만든다.
   ④ 에틸렌은 노화 및 열개 촉진작용이 있으므로 조기수확과 호두의 품질 향상에 이용된다.
   ⑤ 에세폰의 종자처리로 휴면타파 및 발아율 향상에 이용된다.

⑥ 에틸렌은 파인애플의 개화를 유도한다.

(6) 에틸렌의 제거

1) 에틸렌의 작용억제
   ① 치오황산은(STS), 1-MCP, AOA, AVG 등은 에틸렌의 합성이나 작용을 억제한다.
   ② 1-MCP는 과일과 채소의 에틸렌 수용체에 결합함으로써 에틸렌의 작용을 근본적으로 차단한다. 따라서 1-MCP는 에틸렌에 의해 유기되는 숙성과 품질변화에 대한 억제제로서 활용될 수 있다.
   ③ 6%이하의 저농도산소는 식물의 에틸렌 합성을 차단한다.
2) 에틸렌의 제거
   ① 팔라디움(Pd)과 염화팔라디움(PdCl2)은 고습도 환경에서도 높은 에틸렌 제거 능력을 보인다.
   ② 목탄(숯) 및 활성탄은 에틸렌 흡착제로서 효과가 있으나 높은 습도 조건하에서는 흡착효과가 떨어지므로 제습제를 첨가한 활성탄이 이용된다.
   ③ 합성 제올라이트(zeolite)가 에틸렌 제거제로 판매되고 있다.
   ④ 과망간산칼륨($KMnO_4$), 오존, 자외선 등도 에틸렌 제거에 이용된다.

손해평가사 대비

제 8편 | 특수원예

01 시설재배

① 시설재배의 의의

(1) 시설재배의 개념

시설재배는 플라스틱 하우스나 유리온실 등의 시설을 갖추고 시설 내에서 과수, 화훼, 채소 등과 같은 원예작물을 재배하는 것을 말한다.

(2) 시설재배의 필요성

1) 원예작물에 대한 수요는 날로 증가하고 있으며 특정 계절에 국한되지 않고 상시적으로 수요가 있으므로 상시 공급체계(주년적 공급체계)가 필요하다.
2) 주년적(周年的) 공급체계는 제철이 아닌 때에도 생산되어야 하므로 시설재배가 필요하다.
3) 또한 시설재배에 의한 원예작물의 공급은 노지재배(露地栽培)와는 달리 제철이 아닌 때의 공급이므로 높은 가격으로 출하되어 수익성이 좋은 편이다.

(3) 시설의 입지

1) 일조량은 시설 내의 온도 유지와 작물의 광합성에 중요한 요인이므로 충분한 일조량을 확보할 수 있는 입지가 좋다.
2) 작물의 생육에 알맞은 토성이며 수리와 배수가 용이한 위치가 좋다.
3) 생산물의 출하가 원활하게 이루어 질 수 있고 수송비가 적게 드는 위치가 좋다.

(4) 시설재배의 장단점

시설재배는 시설물을 설치하고 원예작물의 생육환경을 인위적으로 조절해야 하기 때문에 자본이 많이 소요되는 측면이 있다. 그러나 작물재배에 아주 중요한 온도, 수분, 일광, 공기 및 양분을 알맞게 조절할 수 있기 때문에 규격품의 생산이 가능하고 출하시기를 조절할 수 있는 재배가 가능하다는 장점이 있다.

❷ 시설의 자재

(1) 골재자재
골재자재로는 목재, 경합금재, 강재 등이 있으며, 경합금재가 가장 많이 사용된다.

(2) 피복자재
1) 피복자재로는 기초 피복재로 유리나 플라스틱 필름이 있고, 추가 피복재로 부직포, 거적 등이 있다.
2) 기초피복재로서 플라스틱 필름은 연질 필름, 경질 필름, 경질판으로 구별된다.
   ① 연질 필름은 두께 0.05~0.1mm의 필름이며, 폴리에틸렌 필름, 연화비닐 필름, 에틸렌아세트산 비닐 필름이 있다.
   ② 경질 필름은 두께 0.1~0.2mm의 필름이며, 폴리에스테르 필름이 있다.
   ③ 경질판은 두께 0.2mm 이상의 플라스틱판이다.
2) 피복자재는 다음의 조건을 갖추어야 한다.
   ① 광선투과율은 높고 열선투과율은 낮아야 한다.
   ② 열전도율이 낮아야 한다.
   ③ 보온성이 좋아야 한다.
   ④ 수축 및 팽창이 작아야 한다.
   ⑤ 충격에 강하여야 한다.
   ⑥ 내구성이 좋아야 한다.

확인문제

시설원예 자재에 관한 설명으로 옳지 않은 것은?[4회]
❶ 피복자재는 열전도율이 높아야 한다.
② 피복자재는 외부 충격에 강해야 한다.
③ 골격자재는 내부식성이 강해야 한다.
④ 골격자재는 철재 및 경합금재가 사용된다

❸ 시설의 설치

(1) 지붕의 구배
지붕의 구배가 크면 빗물이나 적설에는 유리하나 바람의 저항을 많이 받는다. 또한 지붕의 구배는 일광의 투사에 지장이 없도록 하여야 한다. 이러한 점을 고려할 때 28°~30° 정도가 적합하다.

(2) 시설의 방향
동서동(東西棟)은 태양의 광열이용에 유리하므로 육묘 및 촉성재배에 적합하고, 남북동(南北棟)은 저온기의 보온, 고온기의 냉방 및 환기에 유리하므로 연중재배에 적합하다.

(3) 시설의 지붕형식
1) 외쪽지붕형 : 지붕이 한 쪽만 있는 것으로서 북쪽은 높게, 남쪽은 낮게 만든다.
2) 쓰리쿼터형(3/4식 지붕형) : 외쪽지붕형과 양쪽지붕형을 절충한 것이라고 할 수 있는데 지붕의 남쪽면과 북쪽면의 비율을 3 : 1 정도로 만든다. 광선의 투과를 좋게 하기 위하여 동서(東西)로 길게 배치된다. 쓰리쿼터형은 환기가 충분하지 못하다는 단점이 있다.
3) 양쪽 지붕형 : 지붕의 양면 길이와 구배가 같은 시설로서 태양광선이 균일하게 투사되고 통풍이 잘 되는 장점이 있다.
4) 반원형 : 지붕의 모양이 반원에 가까운 것으로서 태양광선이 균일하게 투사되고, 확산광선 때문에 시설 내의 조도가 높으며 시설 내의 공간이 넓다.
5) 양쪽지붕식연동형 : 2동 이상의 시설이 연결된 형이다. 연동형은 시설비용이 절감되는 효과는 있으나 광선의 투사와 통기가 불충분하다는 단점이 있다.

❹ 플라스틱 하우스

(1) 플라스틱 필름의 성질
1) 농업용 플라스틱 필름으로는 비닐 필름과 폴리에틸렌 필름이 있다.
2) 비닐이나 폴리에틸렌은 유리에 비해 가격이 저렴하면서도 유리와 동등한 투과성을 가지고 있어 광선이 약한 시기에 육묘하거나 재배하는데 적당하다.
3) 플라스틱 필름은 자외선의 투과율이 양호하여 도장(徒長) 방지와 과색(果色)의 선명화 등에 효과적이다.

4) 비닐은 80℃ 이상에서 누그러지며 -20℃ 이하에서 변질한다. 이에 비해 폴리에틸렌은 120℃ 이상에서 누그러지며 -60℃ 이하에서 변질한다. 폴리에틸렌이 비닐에 비해 가격도 저렴하고 온도 변화에 따른 변질도 적기 때문에 폴리에틸렌 필름이 보다 많이 이용되고 있다.
5) 플라스틱 필름은 어떤 토양 반응에도 강하고 전기에는 절연성이다.

(2) 플라스틱 하우스의 특징
1) 광선의 투과성 및 보온성이 좋다.
2) 이동 설치 및 제거가 용이하다.
3) 시설비가 저렴하다.
4) 관리가 용이하다.
5) 풍압에 의해 파손될 우려가 크다.

❺ 시설 내의 환경관리

(1) 시설내의 온도관리
1) 시설 내 온도의 특징
   피복재에 의한 방열차단효과가 있기 때문에 낮에는 태양열이나 가온(加溫)된 온기가 축적되어 시설내의 온도는 외부기온보다 높다. 그러나 야간에는 별도의 가온을 하지 않으면 외부기온과 거의 같은 수준으로 낮아지기 때문에 온도의 교차가 매우 크다.
2) 시설내의 온도가 적절하지 못할 때 병해가 발생하기 쉽다. 저온으로 발생하기 쉬운 병해로는 노균병, 균핵병, 잿빛곰팡이병 등이 있으며 고온으로 발생하기 쉬운 병해로는 시들음병, 풋마름병, 탄저병, 덩굴쪼김병 등이 있다.
3) 온도관리의 방법
   난방의 방법으로 증기난방, 온수난방, 온풍난방, 난로난방, 전열난방 등이 있고 냉방의 방법으로는 옥상유수냉각방식, 차광냉각방식, 팬 앤드 패드(fan and pad)방식, 팬 앤드 미스트(fan and mist)방식, 팬 앤드 샤워(fan and shower)방식 등이 있다.

(2) 시설내의 환기
시설내의 환기는 공기의 자동유동에 의한 자연환기와 환기 팬, 송풍장치 등을 이용하는 강제환기가 있다.

(3) 시설내의 습도관리

1) 작물의 생태적 조건에 알맞은 습도는 작물의 종류에 따라 다르다. 호건성 작물은 60% 내외의 습도가 알맞고 대부분의 작물은 대체로 60 ~ 80%의 습도가 적절하다.
2) 시설 내가 지나치게 건조하면 진딧물, 응애 등이 발생하기 쉽다.
3) 고온다습은 흰가루병, 보트리티스병, 저온다습은 잎곰팡이병, 회색썩음병 등을 유발시킨다.
4) 가온으로 시설 내 온도를 높이면 상대습도가 낮아진다.

(4) 시설내의 광관리

1) 구조재의 비율이 커질수록 광선 차단율이 높아진다.
2) 피복재는 광을 반사하거나 피복재에 묻어 있는 먼지, 색소가 광을 흡수하기 때문에 피복재의 사용은 광투과량을 감소시킨다.

(5) 시설내의 토양관리

1) 시설내의 토양은 비료성분이 용탈되지 않고 축적되어 염류집적현상이 발생할 수 있다. 염류집적현상은 뿌리의 흡수력을 저하시키며 토마토의 배꼽썩음병의 원인이 된다.
2) 시설내의 토양은 연작으로 인하여 병해충의 생존밀도가 높아져 연작장애가 발생할 수 있다.
3) 집약적 재배관리와 인공관수 등으로 인하여 토양이 굳게 다져져서 통기가 불량할 수 있으므로 토양의 통기성 확보를 위한 노력이 필요하다.
4) 시설내의 토양은 미량원소의 결핍이 나타나기 쉬우므로 부족된 미량원소를 공급해 주어야 한다.

(6) 시설내의 이산화탄소관리

1) 밤에는 이산화탄소가 방출되어 시설 내 CO_2 농도가 높고, 낮에는 탄소동화작용으로 시설 내 CO_2 농도가 낮다.
2) 이산화탄소가 부족하면 광합성량이 줄어들고 경엽(잎과 줄기)의 신장이 불량하며 낙화, 낙과가 많아진다.
3) 이산화탄소 시비
    ① 시설 내에 이산화탄소를 직접 넣어주어 것을 이산화탄소 시비라고 한다.
    ② 광이 약하면 탄소동화작용에 대한 CO_2 의 포화점이 낮아지기 때문에 CO_2 농도를 높이는 것이 의미가 없다. 따라서 시설 내의 광도가 낮으면 CO_2 시비량을 줄이고, 광도가 높으면 CO_2 시비량을 증가시킨다.
    ③ CO_2 시비는 기공이 충분히 열려 있을 때 하는 것이 효과적이며, 대체로 일출 후 약 1시간 후부

터 시비하는 것이 좋다.
④ 이산화탄소 공급원
　㉠ 고체탄산(dry ice)
　　고체탄소는 기화할 때 열을 빼앗아 실내온도를 낮추기 때문에 실외에서 밀폐된 용기에 넣어 기화시키고 그 기화압을 이용하여 가는 관으로 실내에 주입하는 것이 바람직하다.
　㉡ 액체탄산
　㉢ 프로판가스의 이용
　　프로판가스 연소 시 이산화탄소가 발생한다. 이 경우 주의할 점은 연소에 의해 실내 산소부족현상이 나타날 수 있고 불완전 연소시에는 일산화탄소가 많이 발생하여 피해를 입을 수 있기 때문에 환기가 필요하다는 점이다.
　㉣ 이산화탄소 발생제
　　산성물질과 탄산칼슘을 혼합하여 화학반응에 의해 이산화탄소를 발생시킨다.
⑤ 이산화탄소 시비의 효과
　㉠ 광합성량을 증가시킨다.
　㉡ 묘의 생육을 촉진하여 육묘의 일수를 단축시킬 수 있다.
　㉢ 화아의 발육이 촉진된다.
　㉣ 뿌리의 발달이 촉진된다.

02 양액재배 및 식물공장

1 양액재배

(1) 양액재배의 의의
양액재배란 흙을 사용하지 않고 물에 비료분을 용해한 배양액으로 작물을 재배하는 것을 말한다.

(2) 양액재배의 특징

1) 반복해서 계속 재배해도 연작장애가 발생하지 않는다.
2) 재배의 생력화(省力化)가 가능하다.
3) 청정재배(淸淨栽培)가 가능하다.
4) 액과 자갈을 위생적으로 관리하면 토양전염성 병충해가 적다.
5) 흙이 갖는 완충작용이 없으므로 배양액중의 양분의 농도와 조성비율 및 pH 등이 작물에 대해 민감하게 작용한다.
6) 배양액의 주요요소와 미량요소 및 산소의 관리를 잘 하지 못하면 생육장애가 발생하기 쉽다.
7) 시설비용이 많이 소요된다.

(3) 양액재배의 종류

1) 역경재배
 식물체를 자갈에 고정시키고 배양액을 정기적으로 순환시켜 물, 양분, 산소를 공급하는 것으로서 양액재배 중 가장 먼저 실용화된 방법이다.
2) 수경재배(水耕栽培)
 모래나 자갈 없이 물과 산소만으로 재배하는 방법이다.
3) 사경재배(砂耕栽培)
 재배지로서 모래를 사용하고 배양액을 관수(灌水)를 겸하여 공급하는 방법이다.
4) 분무수경재배(噴霧水耕栽培)
 역경재배와 수경재배의 중간 형태로서 배양액을 분무해 주어서 재배하는 방법이다.

(4) 양액재배의 입지조건

1) 질 좋은 물을 다량으로 용이하게 얻을 수 있는 곳이어야 한다.
2) 배수가 잘 되는 곳이어야 한다.
3) 일조가 좋은 곳이어야 한다.

❷ 식물공장(plant factory)

1) 양액재배기술이 확립되고 작물의 생육에 필요한 환경의 조절이 거의 완벽하게 가능해 짐에 따라 공장식 식물생산이 가능해 지고 있다.
2) 식물공장(plant factory)은 완벽한 환경제어를 통하여 작물을 공산품처럼 생산하는 농업생산체계이다.

3) 종래의 자연의존형 농업생산 형태에서 벗어나 시간과 장소에 구애받지 않고 규격농산물의 생산이 가능하다.
4) 식물공장(plant factory)은 양액재배에서 한 단계 더 발전하여 장소의 제한을 받지 않고 철저한 계획생산과 병충해의 완전방제가 가능하며 생산의 전 과정을 자동화 할 수 있다.
5) 앞으로 인공종자의 생산이 가능하게 된다면 보다 완벽한 식물공장(plant factory)이 가할 것이다.

부록
기출문제

memo

제 1회 기출문제

1. 농업상 용도에 의한 작물의 분류로 옳지 않은 것은?

① 공예작물
② 사료작물
③ 주형작물
④ 녹비작물

정답및해설 ③ 농업상 용도에 따라 작물은 식용작물, 특용작물(공예작물), 사료작물, 녹비작물, 원예작물 등으로 분류한다.

2. 토양수분에 관한 설명으로 옳지 않은 것은?

① 결합수는 식물이 흡수·이용할 수 없다.
② 물은 수분포텐셜(water potential)이 높은 곳에서 낮은 곳으로 이동한다.
③ 중력수는 pF 7.0 정도로 중력에 의해 지하로 흡수되는 수분이다.
④ 토양수분장력은 토양입자가 수분을 흡착하여 유지하려는 힘이다.

정답및해설 ③ 중력수는 pF 0 ~ 2.7 정도로 중력에 의해 지하로 흡수되는 수분이다.

3. 토양의 입단파괴 요인은?

① 경운 및 쇄토
② 유기물 시용
③ 토양 피복
④ 두과작물 재배

정답및해설 ① 입단의 파괴가 나타나는 원인으로는 건조와 습윤이 반복되어 입단의 수축과 팽창도 반복된다는 점, 나트륨이온의 첨가로 인해 점토의 결합력이 약해진다는 점, 기타 경운, 비와 바람에 의한 기계적 타격 등이다.

| 부 록 |

4. 토양의 물리적 특성이 아닌 것은?

① 보수성　　　　　　　　② 환원성
③ 통기성　　　　　　　　④ 배수성

정답 및 해설 ② 환원성은 토양의 물리적 특성에 해당하지 않는다.

5. 다음 ( ) 안에 들어갈 내용을 순서대로 옳게 나열한 것은?

> 식물의 생육이 가능한 온도를 (　　)(이)라고 한다. 배추, 양배추, 상추는 (　　)채소로 분류되고, (　　)는 종자 때부터 저온에 감응하여 화아분화가 되며, (　　)는 고온에 의해 화아분화가 이루어진다.

① 생육적온, 호온성, 배추, 상추
② 유효온도, 호냉성, 배추, 상추
③ 생육적온, 호냉성, 상추, 양배추
④ 유효온도, 호온성, 상추, 배추

정답 및 해설 ② 배추는 종자춘화형 식물이며, 배추의 춘화에 필요한 온도와 기간은 −2~−1℃에서 33일 정도이다. 상추, 콩 등은 암조건에서 고온춘화(10 ~ 30℃) 되는 식물이다.

6. 한계일장이 없어 일장조건에 관계없이 개화하는 중성식물은?

① 상추　　　　　　　　　② 국화
③ 딸기　　　　　　　　　④ 고추

정답 및 해설 ④ 일정한 한계일장이 없고 화성은 일장에 영향을 받지 않는 식물을 중성식물(중일성식물)이라고 한다. 고추, 가지, 당근, 강낭콩, 토마토 등은 중성식물이다.

7. 식물의 종자가 발아한 후 또는 중기의 생장점이 발육하고 있을 때 일정기간의 저온을 거침으로써 화아가 형성되는 현상은?

① 휴지 　　　　　　　　　　② 춘화
③ 경화 　　　　　　　　　　④ 좌지

정답 및 해설 ② 종자나 어린 식물을 저온처리하여 꽃눈분화를 유도하는 것을 춘화(vernalization)라고 한다.

8. 이앙 및 수확시기에 따른 벼의 재배양식에 관한 설명이다. (　) 안에 들어갈 내용으로 옳은 것은?

> • (　　)는 조생종을 가능한 한 일찍 파종, 육묘하고 조기에 이앙하여 조기에 벼를 수확하는 재배형이다.
> • (　　)는 앞작물이 있거나 병충해회피 등의 이유로 보통기재배에 비해 모내기가 현저히 늦은 재배형이다.

① 조생재배, 만생재배　　　　② 조식재배, 만기재배
③ 조생재배, 만기재배　　　　④ 조기재배, 만식재배

정답 및 해설 ④

벼의 조생종 품종을 이른봄에 보온육묘하여 모내기를 일찍 함으로써 벼의 수확을 일찍 하는 재배법을 벼의 조기재배라고 하며, 만생종을 일찍 육묘하고 일찍 모내기하여 수확기는 크게 앞당기지 않더라도 영양생장기간을 연장시켜 수확량을 높이려는 재배법은 벼의 조식(早植)재배라 하여 조기재배와 구분한다.

조기재배를 하게 되면 벼의 수확기가 크게 앞당겨지기 때문에 햅쌀을 이른 가을부터 출하할 수 있으며, 벼농사의 뒷그루[後作]로 채소나 사료작물을 연내 재배할 수 있어 논을 고도로 이용할 수 있다.

조식재배는 출수기를 다소 앞당기게 되므로 한랭지에서는 생육후기의 냉해의 위험성을 줄일 수 있고, 8월 중의 비·바람 피해를 조기출수(早期出穗)로 피할 수 있으며 답리작인 보리·유채 등의 적기파종이 가능하게 되고, 영양생장기간의 연장으로 수확량도 많이 낼 수 있다.

그러나 조기·조식재배를 하면 병충해가 많아지는 결점이 있다.

만기재배는 만파재배(晚播栽培) 또는 만식재배(晚植栽培)라고도 한다. 한국과 같은 온대지방에서는 강우량·온도·일장(日長)과 같은 기상환경과 병충해의 발생 등이 계절에 따라 크게 변하므로 모든 농작물은 자연상태에서 생육하기에 가장 알맞은 재배시기가 있는데 이를 적기재배라 한다.

만기재배는 주로 가뭄으로 인하여 농작물의 적기파종 또는 적기이식이 불가능한 경우, 적기파종 또는 적기이식을 하면 병충해와 같은 재해(災害)를 크게 입게 되는 경우, 그리고 작부체계(作付體系)상 앞·뒤작물과의 관계, 노동력의 사정 또는 수익성 등의 이유로 실시된다.

일반적으로 만기재배를 하면 농작물의 생육기간이 짧아지므로 여름작물은 생육 후기에 저온의 피해를 많이 입게 되며, 겨울작물은 동해(凍害)에 피해를 입음으로써 수확량이 감소하는 등의 불리한 점이 있다.

벼농사에서는 적기에 파종하고 모내기가 늦어지는 적파만식재배(適播晚植栽培)와 파종도 늦고 모내기도 늦어지는 만파만식재배(晚播晚植栽培)가 있는데, 적파만식재배의 경우는 수리불안전답에서 모내기철에 가뭄이 계속될 때 불가피하게 실시되며, 만파만식재배의 경우는 작부체계상 만식이 예측되었을 때 실시된다.

출처 ; 네이버 지식백과

9. 작물의 병해충 방제법 중 경종적 방제에 관한 설명으로 옳은 것은?

① 적극적인 방제기술이다.
② 윤작과 무병종묘재배가 포함된다.
③ 친환경농업에는 적용되지 않는다.
④ 병이 발생한 후에 더욱 효과적인 방제기술이다.

정답 및 해설 ② 경종적 방제는 재배환경을 조절하거나 특정 재배기술을 도입하여 병충해의 발생을 억제하는 방법이다. 경작토지의 개선, 품종개량, 재배양식의 변경, 중간 기주식물의 제거, 생육기 조절, 시비법 개선, 윤작 등이 있다.

10. 작물의 취목번식 방법 중에서 가지의 선단부를 휘어서 묻는 방법은?

① 선취법
② 성토법
③ 당목취법
④ 고취법

정답 및 해설 ① 선취법은 가지의 선단부를 휘어 묻는 취목법이다.

11. 다음 설명에 해당되는 해충은?

• 알 상태로 눈 기부에서 월동하고 연(年)10세대 정도 발생하며 잎 뒷면에서 가해한다.
• 사과나무에서 잎을 뒤로 말리게 하고 심하면 조기낙엽을 발생시킨다.

① 사과혹진딧물 ② 복숭아심식나방
③ 사과굴나방 ④ 조팝나무진딧물

> **정답 및 해설** ① 사과혹진딧물은 잎이 나오기 시작할 때부터 발생하는데, 해를 입은 잎을 세로로 뒤쪽으로 말리게 하고 그 속에 무리지어 피해를 주는 것이 특징이다

12. 일소현상에 관한 설명으로 옳은 것은?

① 시설재배 시 차광막을 설치하여 일소를 경감시킬 수 있다.
② 겨울철 직사광선에 의해 원줄기나 원가지의 남쪽수피 부위에 피해를 주는 경우는 일소로 진단하지 않는다.
③ 개심자연형 나무에서는 배상형 나무에 비해 더 많이 발생한다.
④ 과수원이 평지에 위치할 때 동향의 과수원이 서향의 과수원보다 일소가 더 많이 발생한다.

> **정답 및 해설** ①
> 일소현상이란 여름철에 직사광선에 노출된 주간이나 주지의 수피조직, 과실, 잎에 이상이 생기는 고온장해를 말한다. 경우에 따라서 겨울철 밤에 동결되었던 조직이 낮에 직사광선에 의하여 나무의 온도가 급격하게 변함에 따라 주간이나 주지의 남쪽 수피부위에 피해를 주는 현상도 일소에 포함시키기도 한다.
> 일소의 발생은 수형과도 관계가 있어 배상형의 수형은 개심자연형보다 일소의 발생이 많고 주지의 분지각도가 넓을수록 발생이 많다.

13. 벼 재배시 풍수해의 예방 및 경감 대책으로 옳지 않은 것은?

① 내도복성 품종으로 재배한다.
② 밀식재배를 한다.
③ 태풍이 지나간 후 살균제를 살포한다.
④ 침·관수된 논은 신속히 배수시킨다.

> **정답 및 해설** ② 밀식재배는 피하는 것이 풍수해 경감 대책이 된다.

14. 과수작물의 동해 및 상해(서리피해)에 관한 설명으로 옳지 않은 것은?

① 배나무의 경우 꽃이 일찍 피는 따뜻한 지역에서 늦서리 피해가 많이 일어난다.
② 핵과류에서 늦서리 피해에 민감하다.
③ 꽃눈이 잎눈보다 내한성이 강하다.
④ 서리를 방지하는 방법에는 방상팬 이용, 톱밥 및 왕겨 태우기 등이 있다.

정답 및 해설 ③ 꽃눈은 잎눈보다 내한성이 약하다.

15. 벼 담수표면산파 재배시 도복에 관한 설명으로 옳은 것은?

① 벼 무논골뿌림재배에 비해 도복이 경감된다.
② 도복경감제를 살포하면 벼의 하위절간장이 짧아져서 도복이 경감된다.
③ 질소질 비료를 다량 시비하면 도복이 경감된다.
④ 파종직후에 1회 낙수를 강하게 해 주면 도복이 경감된다.

정답 및 해설 ②

16. 우리나라 우박피해에 관한 설명으로 옳지 않은 것은?

① 전국적으로 7~8월에 집중적으로 발생한다.
② 과실 또는 새가지에 타박상이나 열상 등을 일으킨다.
③ 비교적 단시간에 많은 피해를 일으키고, 피해지역이 국지적인 경우가 많다.
④ 그물(방포망)을 나무에 씌워 피해를 경감시킬 수 있다.

정답 및 해설 ① 우박은 국지적으로 발생한다.

17. 과채류의 결실 조절방법으로 모두 고른 것은?

| ㄱ. 적과 | ㄴ. 적화 | ㄷ. 인공수분 |

① ㄱ   ② ㄱ, ㄴ
③ ㄴ, ㄷ   ④ ㄱ, ㄴ, ㄷ

정답및해설 ④ 과채류의 결실은 적화, 적과, 인공수분, 봉지씌우기 등을 통해 조절할 수 있다.

18. 일반적으로 딸기와 감자의 무병주 생산을 위한 방법은?

① 자가수정   ② 종자번식
③ 타가수정   ④ 조직배양

정답및해설 ④ 생장점 배양을 통해서 얻을 수 있는 영양번식체로서 바이러스 등 조직 내에 존재하는 병이 제거된 묘를 무병주라고 한다. 감자, 마늘, 딸기, 카네이션은 무병주 생산이 산업적으로 이용되고 있다.

19. 다음은 식물호르몬인 에틸렌에 관한 설명이다. 옳은 것을 모두 고른 것은?

> ㄱ. 원예작물의 숙성호르몬이다.
> ㄴ. 무색 무취의 가스형태이다.
> ㄷ. 에테폰이 분해될 때 발생된다.
> ㄹ. AVG(aminoethoxyvinyl glycine)처리에 의해 발생이 촉진된다.

① ㄱ   ② ㄴ, ㄷ
③ ㄱ, ㄴ, ㄷ   ④ ㄴ, ㄷ, ㄹ

정답및해설 ③ AVG 는 에틸렌의 합성이나 작용을 억제한다.

20. 호흡 비급등형 과실인 것은?

① 사과   ② 자두
③ 포도   ④ 복숭아

정답 및 해설 ③ 작물이 숙성함에 따라 호흡이 현저하게 증가하는 과실을 호흡급등과(climacteric fruits)라고 하며, 사과, 토마토, 감, 바나나, 복숭아, 키위, 망고, 참다래 등이 있다.
포도는 호흡비급등과(non-climacteric fruits)이다.

21. 다음 중 생육에 적합한 토양 pH가 가장 낮은 것은?

① 블루베리나무　　　　　② 무화과나무
③ 감나무　　　　　　　　④ 포도나무

정답 및 해설 ①
① 블루베리나무 : 산성토양에서 잘 자란다.
② 무화과나무 : 산성토양에 약하다.
③ 감나무 : pH 6 정도에서 가장 잘 자란다.
④ 포도나무 : pH 7 정도에서 가장 잘 자란다.

22. 과수원의 토양표면 관리법 중 초생법의 장점이 아닌 것은?

① 토양의 입단화가 촉진된다.
② 지력유지에 도움이 된다.
③ 토양침식과 양분유실을 방지한다.
④ 유목기에 양분 경합이 일어나지 않는다.

정답 및 해설 ④ 유목기에 양분 경합이 일어난다.

23. 절화의 수명연장방법으로 옳지 않은 것은?

① 화병의 물에 살균제와 당을 첨가한다.
② 산성물(pH 3.2~3.5)에 침지한다.
③ 에틸렌을 엽면살포한다.
④ 줄기 절단부를 수초간 열탕처리한다.

정답 및 해설 ③ 에틸렌은 노화를 촉진한다.

24. 작물의 시설재배에 사용되는 기화냉방법이 아닌 것은?

① 팬앤드패드(fan & pad)
② 팬앤드미스트(fan & mist)
③ 팬앤드포그(fan & fog)
④ 팬앤드덕트(fan & duct)

정답 및 해설 ④

25. 작물의 시설재배에서 연질 피복재만을 고른 것은?

| ㄱ. 폴리에틸렌필름 | ㄴ. 에틸렌아세트산필름 |
| ㄷ. 폴리에스테르필름 | ㄹ. 불소수지필름 |

① ㄱ, ㄴ
② ㄱ, ㄹ
③ ㄴ, ㄷ
④ ㄷ, ㄹ

정답 및 해설 ① 연질 필름은 두께 0.05~0.1mm의 필름이며, 폴리에틸렌 필름, 연화비닐 필름, 에틸렌아세트산비닐 필름이 있다.

memo

부록 - 제 2회 기출문제

1. 추파 일년초에 속하는 화훼작물은?

① 팬지 ② 맨드라미
③ 샐비어 ④ 칸나

정답 및 해설 ①

① 팬지 : 추파 1년초
② 맨드라미 : 하파 1년초
③ 샐비어 : 다년생
④ 칸나 : 다년생

2. 식물체 내 물의 기능으로 옳지 않은 것은?

① 세포의 팽압 형성
② 감수분열 촉진
③ 양분 흡수와 이동의 용매
④ 물질의 합성과 분해과정 매개

정답 및 해설 ②

3. ( ) 안에 들어갈 내용은?

작물의 광합성에 의한 이산화탄소의 흡수량과 호흡에 의한 이산화탄소의 방출량이 같은 지점의 광도를 ( )이라 한다.

① 광반응점 ② 광보상점
③ 광순화점 ④ 광포화점

정답 및 해설 ② 광도가 약해지면 광합성을 위한 이산화탄소의 흡수량과 호흡에 의한 이산화탄소의 방출량이 동일하게 되는데, 이때의 광도를 광보상점이라고 한다.

4. 단일일장(short day length) 조건에서 개화 억제를 위해 야간에 보광을 실시하는 작물은?

① 장미
② 가지
③ 국화
④ 토마토

정답 및 해설 ③ 국화는 단일식물이다.

5. 건물 1g을 생산하는 데 필요한 수분량인 요수량(要水量)이 가장 높은 식물은?

① 기장
② 옥수수
③ 밀
④ 호박

정답 및 해설 ④ 요수량이 높은 순서 : 호박 834, 앨펄퍼 831, 클로버 799, 옥수수 377, 수수 322, 기장 310, 벼 300

6. 종자번식에서 자연교잡률이 4% 이하인 자식성 작물에 속하는 것은?

① 토마토
② 양파
③ 매리골드
④ 베고니아

정답 및 해설 ① 타식성 작물 [他殖性作物] 은 자연 교잡률이 높기 때문에 유전자 재조합의 기회가 많아 유전적 변이가 크다. 배추, 무, 파, 양파, 당근, 시금치, 쑥갓, 단옥수수, 대부분의 과수류, 매리골드, 버베나, 베고니아, 피튜니아 등이 있다.

7. 작물의 병해충 방제법 중 생물적 방제에 해당하는 것은?

① 윤작 등 작부체계의 변경
② 명칭 및 자외선 차단필름 활용
③ 천적 곤충 이용
④ 태양열 소독

정답 및 해설 ③

8. 해충과 천적의 관계가 바르게 짝지어지지 않은 것은?

① 잎응애류 – 칠레이리응애
② 진딧물류 – 온실가루이
③ 총채벌레류 – 애꽃노린재
④ 굴파리류 – 굴파리좀벌

정답 및 해설 ②

대상 해충과 천적

대상 해충	천적	이용 작물
점박이응애	칠레이리응애	딸기, 오이, 화훼
	긴이리응애	수박, 오이, 참외, 화훼
	캘리포니아커스이리응애	수박, 오이, 참외, 화훼
	팔리시스이리응애	사과, 배, 감귤
온실가루이	온실가루이좀벌	토마토, 오이, 화훼
진딧물	진디혹파리	엽채류, 과채류
총채벌레류, 진딧물류, 잎응애류, 나방류 알 등 다양한 해충의 천적	애꽃노린재	엽채류, 과채류, 화훼류
잎굴파리	명충알벌	고추, 피망
	굴파리좀벌	토마토, 오이, 화훼

9. ( ) 안에 들어갈 내용을 순서대로 바르게 나열한 것은?

• 작물이 생육하고 있는 중에 이랑 사이의 흙을 그루 밑에 긁어모아 주는 것을

| 부 록 |

> ( )(이)라고 한다.
> · 짚이나 건초를 깔아 작물이 생육하고 있는 토양 표면을 피복해 주는 것을 ( )(이)라고 한다.

① 중경, 멀칭
② 배토, 복토
③ 배토, 멀칭
④ 중경, 복토

정답 및 해설 ③

10. 영양번식(무성번식)에 관한 설명으로 옳지 않은 것은?

① 과수의 결실연령을 단축시킬 수 있다.
② 모주의 유전형질이 똑같이 후대에 계승된다.
③ 번식체의 취급이 간편하고 수송 및 저장이 용이하다.
④ 종자번식이 불가능한 작물의 번식수단이 된다.

정답 및 해설 ③ ③은 종자번식의 장점이다.

11. 작휴법 중 성휴법에 관한 설명으로 옳은 것은?

① 이랑을 세우고 낮은 고랑에 파종하는 방식
② 이랑을 보통보다 넓고 크게 만드는 방식
③ 이랑을 세우고 이랑 위에 파종하는 방식
④ 이랑을 평평하게 하여 이랑과 고랑의 높이가 같게 하는 방식

정답 및 해설 ②

畦(밭 두둑 휴)

작휴 = 이랑을 만드는 것

이랑 = 두둑 + 고랑

휴립(畦立) = 두둑을 세우고 고랑을 낮게

휴립구파 = 두둑을 세우고 고랑에 파종함

휴립휴파 = 두둑을 세우고 두둑에 파종

성휴 = 두둑을 폭 1.2m 정도로 넓게 하고 여러 줄로 파종함

12. 작물 생육기간 중 수분부족 환경에 노출될 때 일어나는 반응을 모두 고른 것은?

| ㄱ. 기공폐쇄 | ㄴ. 앱시스산(ABA) 합성 촉진 | ㄷ. 엽면적 증가 |

① ㄱ
② ㄱ, ㄴ
③ ㄴ, ㄷ
④ ㄱ, ㄴ, ㄷ

정답 및 해설 ②

수분부족 환경에 노출되면 아브시진산 함량이 증가하고, 아브시진산 함량이 증가하면 기공이 닫혀 내건성(耐乾性)이 강해진다.

13. 작물재배 중 온도의 영향에 관한 설명으로 옳은 것은?

① 조직 내에 결빙이 생겨 탈수로 인한 피해가 발생하는 것을 냉해라고 한다.
② 세포 내 유기물 생성이 증가하면 에너지 소비가 심해져 내열성은 감소한다.
③ 춘화작용은 처리기간과 상관없이 온도의 영향을 받는다.
④ 탄소동화작용의 최적온도 범위는 호흡작용보다 낮다.

정답 및 해설 ④ ① 조직 내에 결빙이 생겨 탈수로 인한 피해가 발생하는 것을 동해라고 한다.
② 세포 내 유기물 생성이 증가하면 내열성도 증가한다.
③ 춘화작용은 처리기간에 영향을 받는다.

14. 토양습해 예방 대책으로 옳은 것은?

① 내습성 품종 선택
② 고랑 파종
③ 미숙 유기물 사용
④ 밀식 재배

정답 및 해설 ①

15. 작물 피해를 발생시키는 대기오염 물질이 아닌 것은?

① 아황산가스　　　　　　② 이산화탄소
③ 오존　　　　　　　　　④ 불화수소

정답 및 해설 ② 이산화탄소는 작물의 광합성에 필수적이다.

16. 염해(salt stress)에 관한 설명으로 옳지 않은 것은?

① 토양수분의 증발량이 강수량보다 많을 때 발생할 수 있다.
② 시설재배 시 비료의 과용으로 생기게 된다.
③ 토양의 수분포텐셜이 높아진다.
④ 토양수분 흡수가 어려워지고 작물의 영양소 불균형을 초래한다.

정답 및 해설 ③ 토양의 수분포텐셜이 낮아진다.

17. 강풍이 작물에 미치는 영향으로 옳지 않은 것은?

① 상처로 인한 호흡률 증가
② 매개곤충의 활동저하로 인한 수정률 감소
③ 기공폐쇄로 인한 광합성률 감소
④ 병원균 감소로 인한 병해충 피해 약화

정답 및 해설 ④ 강풍으로 절손, 낙과, 탈립 등을 초래하며, 이러한 기계적 장해는 2차적으로 병충해가 발생하기 쉽다.

18. 채소작물 중 조미채소류가 아닌 것은?

① 마늘
② 고추
③ 생강
④ 배추

정답 및 해설 ④

19. 과수의 엽면시비에 관한 설명으로 옳지 않은 것은?

① 뿌리가 병충해 또는 침수 피해를 받았을 때 실시할 수 있다.
② 비료의 흡수율을 높이기 위해 전착제를 첨가하여 살포한다.
③ 잎의 윗면보다는 아랫면에 살포하여 흡수율을 높게 한다.
④ 고온기에는 살포농도를 높여 흡수율을 높게 한다.

정답 및 해설 ④ 엽면흡수는 잎의 생리작용이 왕성할 때 흡수율이 높다.

20. 과수와 그 생육특성이 바르게 짝지어지지 않은 것은?

① 사과나무 - 교목성 온대과수
② 블루베리나무 - 관목성 온대나무
③ 참다래나무 - 덩굴성 아열대과수
④ 온주밀감나무 - 상록성 아열대과수

정답 및 해설 ③ 참다래나무 - 덩굴성 낙엽과수

21. 과수 재배조건이 과실의 성숙과 저장에 미치는 영향으로 옳지 않은 것은?

① 질소를 과다사용하면 과실의 크기가 비대해지고 저장성도 높아진다.
② 토양수분이 지나치게 많으면 이상숙성 현상이 일어나 저장성이 떨어진다.
③ 평균기온이 높은 해에는 과실의 성숙이 빨라지므로 조기수확을 통해 저장 중 품질을

유지할 수 있다.
④ 생장후기에 흐린 날이 많으면 저장 중 생리장애가 발생하기 쉽다.

정답 및 해설 ① ① 질소를 과다시용하면 병해에 약하고 저장성도 낮아진다.

22. 과수 재배 시 봉지씌우기의 목적이 아닌 것은?

① 과실에 발생하는 병충해를 방제한다.
② 생산비를 절감하고 해거리를 유도한다.
③ 과피의 착색도를 향상시켜 상품성을 높인다.
④ 농약이 직접 과실에 부착되지 않도록 하여 상품성을 높인다.

정답 및 해설 ② 사과 재배에 있어서 봉지 씌우기는 병해충 및 동녹방지 수단으로 이용되어 왔으나 근래에는 착색 증진을 위해서도 실시되고 있다.

23. 화훼재배에 이용되는 생장조절물질에 관한 설명으로 옳은 것은?

① 루톤(rootone)은 옥신(auxin)계 생장조절물질로 발근을 촉진한다.
② 에테폰(ethephon)은 에틸렌 발생을 위한 기체 화합물로 아나나스류의 화아분화를 억제한다.
③ 지베렐린(gibberellin) 처리는 국화의 줄기신장을 억제한다.
④ 시토키닌(cytokinin)은 옥신류와 상보작용을 통해 측지발생을 억제한다.

정답 및 해설 ① ② 에테폰(ethephon)은 액체이다.
③ 지베렐린(gibberellin) 처리는 줄기신장을 촉진한다.
④ 시토키닌(cytokinin)은 옥신류와 상보작용을 통해 측지발생을 촉진한다.

24. (   )에 들어갈 내용으로 옳은 것은?

> 조직배양은 식물의 세포, 조직, 또는 기관이 완전한 식물체로 만들어질 수 있다는 ( )에 기반을 둔 것이다.

① 전형성능
② 유성번식
③ 발아체
④ 결실률

정답 및 해설 ①

단세포 혹은 식물 조직 일부분으로부터 완전한 식물체를 재생하는 능력을 전형성능이라고 한다.

25. 시설원예 피복자재의 조건으로 옳지 않은 것은?

① 열전도율이 낮아야 한다.
② 겨울철 보온성이 커야 한다.
③ 외부 충격에 강해야 한다.
④ 광 투과율이 낮아야 한다.

정답 및 해설 ④

피복자재는 다음의 조건을 갖추어야 한다.

① 광선투과율은 높고 열선투과율은 낮아야 한다.

② 열전도율이 낮아야 한다.

③ 보온성이 좋아야 한다.

④ 수축 및 팽창이 작아야 한다.

⑤ 충격에 강하여야 한다.

⑥ 내구성이 좋아야 한다.

MEMO

부록 제3회 기출문제

1. 과수 분류 시 인과류에 속하는 것은?

① 자두　　　　　　② 포도
③ 감귤　　　　　　④ 사과

정답 및 해설 ④

① 핵과류 ② 장과류 ③ 준인과류 ④ 인과류

2. 작물재배에 있어서 질소(N)에 관한 설명으로 옳지 않은 것은?

① 질산태(NO3-)와 암모늄태(NH4+)로 식물에 흡수된다.
② 작물체 건물중의 많은 함량을 차지하는 중요한 무기성분이다.
③ 콩과작물은 질소 시비량이 적고, 벼과작물은 시비량이 많다.
④ 결핍증상은 늙은 조직보다 어린 생장점에서 먼저 나타난다.

정답 및 해설 ④

질소결핍증상은 늙은 부분에서 먼저 나타나고 생장점에서는 마지막으로 나타난다.

3. 작물의 필수원소는?

① 염소(Cl)　　　　② 규소(Si)
③ 코발트(Co)　　　④ 나트륨(Na)

정답 및 해설 ①

작물 생육에 필수적인 원소는 탄소(C), 산소(O), 수소(H), 질소(N), 인(P), 칼륨(K), 칼슘(Ca), 마그네슘(Mg), 황(S), 철(Fe), 망간(Mn), 구리(Cu), 아연(Zn), 붕소(B), 몰리브덴(Mo), 염소(Cl)의 16원소이다. 이 중 질소(N), 인(P), 칼륨(K), 칼슘(Ca), 마그네슘(Mg), 황(S)의 6원소는 작물생육에 다량으로 소요되는 원소인데 이를 다량원소라고 한다. 그리고 철(Fe), 망간(Mn), 구리(Cu), 아연(Zn), 붕소(B), 몰리브덴(Mo),

염소(Cl) 등은 미량원소이다.

4. 재배 시 산성토양에 가장 약한 작물은?

① 벼
② 콩
③ 감자
④ 수박

정답 및 해설 ②

산성토양에 대한 작물의 적응성
㉠ 극히 강한 것 : 벼, 밭벼, 귀리, 토란, 아마, 기장, 땅콩, 감자, 수박 등
㉡ 강한 것 : 메밀, 옥수수, 목화, 당근, 오이, 완두, 호박, 토마토, 밀, 조, 고구마, 담배 등
㉢ 약간 강한 것 : 유채, 파, 무 등
㉣ 약한 것 : 보리, 클로버, 양배추, 근대, 가지, 삼, 겨자, 고추, 완두, 상추 등
㉤ 가장 약한 것 : 앨팰퍼, 콩, 자운영, 시금치, 사탕무, 셀러리, 부추, 양파 등

5. 작물재배 시 습해의 대책이 아닌 것은?

① 배수
② 토양 개량
③ 황산근비료 시용
④ 내습성 작물과 품종 선택

정답 및 해설 ③

황산근비료의 시용을 피하여야 한다.

6. 작물재배 시 건조해의 대책으로 옳지 않은 것은?

① 중경제초
② 질소비료 과용
③ 내건성 작물 및 품종 선택
④ 증발억제제 살포

정답 및 해설 ② 질소비료의 과용을 피한다.

7. 작물재배 시 하고(夏枯)현상으로 옳지 않은 것은?

① 화이트클로버는 피해가 크고, 레드클로버는 피해가 경미하다.
② 다년생인 북방형 목초에서 여름철에 생장이 현저히 쇠퇴하는 현상이다.
③ 고온, 건조, 장일, 병충해, 잡초무성의 원인으로 발생한다.
④ 대책으로는 관개, 혼파, 방목이 있다.

정답 및 해설 ① 레드클로버는 피해가 크고, 화이트클로버는 피해가 경미하다.

8. 다음이 설명하는 냉해는?

ㄱ. 냉온에 대한 저항성이 약한 시기인 감수분열기에 저온에 노출되어 수분수정이 안되어 불임현상이 초래되는 냉해를 말한다.
ㄴ. 냉온에 의한 생육부진으로 외부 병균의 침입에 대한 저항성이 저하되어 병이 발생하는 냉해를 말한다.

① ㄱ : 지연형 냉해, ㄴ : 병해형 냉해
② ㄱ : 병해형 냉해, ㄴ : 혼합형 냉해
③ ㄱ : 장해형 냉해, ㄴ : 병해형 냉해
④ ㄱ : 혼합형 냉해, ㄴ : 장해형 냉해

정답 및 해설 ③

9. 작물 외관의 착색에 관한 설명으로 옳지 않은 것은?

① 작물 재배 시 광이 없을 때에는 에티올린(etiolin)이라는 담황색 색소가 형성되어 황백화현상을 일으킨다.
② 엽채류에서는 적색광과 청색광에서 엽록소의 형성이 가장 효과적이다.
③ 작물 재배 시 광이 부족하면 엽록소의 형성이 저해된다.
④ 과일의 안토시안은 비교적 고온에서 생성이 조장되며 볕이 잘 쬘 때에 착색이 좋아진다.

정답 및 해설 ④

사과, 포도, 딸기 등의 착색은 안토시아닌의 발현에 의한 것인데 안토시아닌은 비교적 저온과 광(光)을 잘 받을 때 많이 생성된다.

10. 장일일장 조건에서 개화가 유도·촉진되는 작물을 모두 고른 것은?

| ㄱ. 상추 | ㄴ. 고추 | ㄷ. 딸기 | ㄹ. 시금치 |

① ㄱ, ㄴ　　　　　　　　　　② ㄱ, ㄹ
③ ㄴ, ㄷ　　　　　　　　　　④ ㄷ, ㄹ

정답 및 해설 ② 장일상태에서 화성이 촉진되는 식물을 장일식물이라고 한다. 시금치, 양파, 양귀비, 상추, 감자 등은 장일식물이다.

11. 다음에서 내한성(耐寒性)이 가장 강한 작물(A)과 가장 약한 작물(B)은?

① A : 사과, B : 서양배　　　② A : 사과, B : 유럽계 포도
③ A : 복숭아, B : 서양배　　④ A : 복숭아, B : 유럽계 포도

정답 및 해설 ② 사과는 영양상태가 좋으면 -30℃까지 견딘다.

12. 우리나라의 과수 우박피해에 관한 설명으로 옳은 것은?

ㄱ. 피해 시기는 주로 착과기와 성숙기에 해당된다.
ㄴ. 다음해의 안정적인 결실을 위해 피해과원의 모든 과실을 제거한다.
ㄷ. 피해 후 2차적으로 병해를 발생시키는 간접적인 피해를 유발하기도 한다.

① ㄱ, ㄴ　　　　　　　　　　② ㄱ, ㄷ
③ ㄴ, ㄷ　　　　　　　　　　④ ㄱ, ㄴ, ㄷ

정답 및 해설 ② 우박 후에는 약제의 살포로 병해를 예방하고 과실의 건실한 생육을 유도하여야 한다.

13. 과수원의 태풍피해 대책으로 옳지 않은 것은?

① 방풍림으로 교목과 관목의 혼합 식재가 효과적이다.
② 방풍림은 바람의 방향과 직각 방향으로 심는다.
③ 과수원내의 빈 공간 확보는 태풍피해를 경감시켜 준다.
④ 왜화도가 높은 대목은 지주 결속으로 피해를 줄여준다.

정답 및 해설 ③ 방풍림을 조성할 때에는 바람이 불어오는 방향에 직각으로 교목을 몇 줄 심고 그 아래에 키가 작은 관목을 몇 줄 심는다. 또한 과수와 채소는 지주를 세우고 묶어 두어야 한다.

14. 작물의 육묘에 관한 설명으로 옳지 않은 것은?

① 수확기 및 출하기를 앞당길 수 있다.
② 육묘용 상토의 pH는 낮을수록 좋다.
③ 노지정식 전 경화과정(hardening)이 필요하다.
④ 육묘와 재배의 분업화가 가능하다.

정답 및 해설 ② 산성 토양은 작물의 생육에 해롭다.

15. 다음 설명의 영양번식 방법은?

○ 양취법(楊取法)이라고도 한다.
○ 오래된 가지를 발근시켜 떼어낼 때 사용한다.
○ 발근시키고자 하는 부분에 미리 박피를 해준다.

① 성토법(盛土法)　　　　② 선취법(先取法)
③ 고취법(高取法)　　　　④ 당목취법(撞木取法)

정답 및 해설 ③ 고취법은 휘묻이에서 가지를 지면까지 내리지 못할 때 가지를 그대로 두고 가지에 흙이나 물이끼를 싸매어 발근시켜 는 취목법이다.

16. 다음의 과수원 토양관리 방법은?

○ 과수원 관리가 쉽다.
○ 양분용탈이 발생한다.
○ 토양침식으로 입단형성이 어렵다.

① 초생재배 ② 피복재배
③ 부초재배 ④ 청경재배

정답 및 해설 ④

과수원의 토양관리

(1) 청경재배

과수 이외의 식물을 모두 제거하여 과수원을 잡초 없이 깨끗하게 관리하는 방법을 청경재배라 한다. 청경하는 방법은 잡초를 매거나 제초제를 사용한다.

(ㄱ) 장점
① 잡초와의 양수분 경합이 없다.
② 병해충의 잠복 장소가 없어진다.

(ㄴ) 단점
① 토양이 유실되고 토양유기물 및 영양분이 소실된다.
② 토양침식으로 입단형성이 어렵다.
③ 제초제를 사용하여 청경재배를 할 때 약해의 우려가 있다.

(2) 초생재배

과수원에 일조가 부족하여도 잘 자랄 수 있는 풀, 뿌리가 깊지 않아서 과수의 양분이나 수분의 경합을 일으키지 않는 풀, 과수에 병충해를 옮기지 않는 풀 등을 골라서 키우는 것이 초생재배이다. 과수원 초종으로는 캔터키 블루그라스, 자운영, 독새풀, 클로버 등이 이용되고 있다.

(ㄱ) 장점
① 표토의 침식이 방지되고 유기물의 증가로 지력이 증진된다.
② 과실의 당도가 높아지고 착색이 좋아진다.

(ㄴ) 단점
① 병해충의 잠복 장소를 제공하기 쉽다.
② 과수의 양분이나 수분의 경합을 일으킬 수 있다.

(3) 멀칭재배

볏짚, 보릿짚, 풀 등을 지표면에 덮어 주는 방법을 멀칭재배라 한다.

토양에 멀칭을 하면 토양수분의 증발억제와 표토의 유실 방지에 효과가 높고 짚이나, 풀의 분해로 토양 중에 유기물이 증가한다.

(4) 절충재배

청경, 초생, 멀칭재배 방법 중 둘 또는 세가지 방법을 절충 혼용하는 방법을 절충식재배라 부른다. 평지 과수원에서는 나무 밑은 청경재배로 하고 줄사이는 초생재배하는 부분초생재배를 하는 것이 좋으며 경사지 과수원에서는 나무 사이를 초생재배하고 나무 밑은 멀칭하여 토양 유실을 막는 절충식을 하는 것이 바람직하다.

17. 사과 과원에서 병해충종합관리(IPM)에 해당되지 않는 것은?

① 응애류 천적 제거
② 성페로몬 이용
③ 초생재배 실시
④ 생물농약 활용

정답 및 해설 ①

18. 호냉성 채소작물은?

① 상추, 가지
② 시금치, 고추
③ 오이, 토마토
④ 양배추, 딸기

정답 및 해설 ④

사과, 배, 앵두, 자두, 나무딸기, 아스파라거스, 시금치, 상추, 양배추, 당근, 완두, 감자, 카네이션, 오랑캐꽃, 안개풀, 스와인소니아 등은 호랭성작물이다.

19. 작물의 생육과정에서 칼슘결핍에 의해 나타나는 증상으로만 짝지어진 것은?

① 배추 잎끝마름증상, 토마토 배꼽썩음증상
② 토마토 배꼽썩음증상, 장미 로제트증상

③ 장미 로제트증상, 고추 청고증상
④ 고추 청고증상, 배추 잎끝마름증상

정답 및 해설 ①

칼슘이 결핍되면 뿌리나 눈의 생장점이 붉게 변하고, 배추의 잎마름병, 사과의 고두병, 토마토의 배꼽썩음병, 땅콩의 공협(종실이 맺혀 있지 않은 빈꼬투리)이 발생한다.

20. 채소작물 재배 시 에틸렌에 의한 현상이 아닌 것은?

① 토마토 열매의 엽록소 분해를 촉진한다.
② 가지의 꼭지에서 이층(離層)형성을 촉진한다.
③ 아스파라거스의 육질 연화를 촉진한다.
④ 상추의 갈색 반점을 유발한다.

정답 및 해설 ③

21. 다음 과수 접목법의 분류기준은?

절접, 아접, 할접, 혀접, 호접

① 접목부위에 따른 분류   ② 접목장소에 따른 분류
③ 접목시기에 따른 분류   ④ 접목방법에 따른 분류

정답 및 해설 ④

22. 화훼작물의 플러그묘 생산에 관한 옳은 설명을 모두 고른 것은?

ㄱ. 좁은 면적에서 대량육묘가 가능하다.
ㄴ. 최적의 생육조건으로 다양한 규격묘 생산이 가능하다.

ㄷ. 노동집약적이며 관리가 용이하다.
ㄹ. 정밀기술이 요구된다.

① ㄱ, ㄴ, ㄷ
② ㄱ, ㄴ, ㄹ
③ ㄱ, ㄷ, ㄹ
④ ㄴ, ㄷ, ㄹ

정답 및 해설 ②
공정육묘는 규격화된 자재의 사용과 집약적인 관리를 통해 육묘의 질적 향상 및 육묘비용 절감을 가능케 하는 최근의 육묘방식으로서 기계화를 통해 노동력을 줄이고, 묘의 생산비용이 절감된다.

23. 화훼작물의 진균병이 아닌 것은?

① Fusarium에 의한 시들음병
② Botrytis에 의한 잿빛곰팡이병
③ Xanthomonas에 의한 잎반점병
④ Colletotrichum에 의한 탄저병

정답 및 해설 ③ Xanthomonas에 의한 잎반점병은 세균병이다.

24. 시설내의 온도를 낮추기 위해 시설의 벽면 위 또는 아래에서 실내로 세무(細霧)를 분사시켜 시설 상부에 설치된 풍량형 환풍기로 공기를 뽑아내는 냉각방법은?

① 팬 앤드 포그
② 팬 앤드 패드
③ 팬 앤드 덕트
④ 팬 앤드 팬

정답 및 해설 ①

25. 다음이 설명하는 시설재배용 플라스틱 피복재는?

○ 보온성이 떨어진다.
○ 광투과율이 높고 연질피복재이다.
○ 표면에 먼지가 잘 부착되지 않는다.
○ 약품에 대한 내성이 크고 가격이 싸다.

① 폴리에틸렌(PE) 필름
② 염화비닐(PVC) 필름
③ 에틸렌아세트산(EVA) 필름
④ 폴리에스터(PET) 필름

정답 및 해설 ①

부록 — 제4회 기출문제

1. 과실의 구조적 특징에 따른 분류로 옳은 것은?

① 인과류 – 사과, 배
② 핵과류 – 밤, 호두
③ 장과류 – 복숭아, 자두
④ 각과류 – 포도, 참다래

정답 및 해설 ①

인과류는 꽃받기와 씨방이 함께 발육하여 자란 열매로서 식용부위는 위과(僞果)이다. 사과, 배, 모과 등은 인과류에 해당한다.

2. 다음이 설명하는 번식방법은?

ㄱ. 번식하고자 하는 모수의 가지를 잘라 다른 나무 대목에 붙여 번식하는 방법
ㄴ. 영양기관인 잎, 줄기, 뿌리를 모체로부터 분리하여 상토에 꽂아 번식하는 방법

① ㄱ : 삽목, ㄴ : 접목
② ㄱ : 취목, ㄴ : 삽목
③ ㄱ : 접목, ㄴ : 분주
④ ㄱ : 접목, ㄴ : 삽목

정답 및 해설 ④

3. 다음 A농가가 실시한 휴면타파 처리는?

경기도에 있는 A농가에서는 작년에 콩의 발아율이 낮아 생산량 감소로 경제적 손실을 보았다. 금년에 콩 종자의 발아율을 높이기 위해 휴면타파 처리를 하여 손실을 만회할 수 있었다.

① 훈증 처리
② 콜히친 처리
③ 토마토톤 처리
④ 종피파상 처리

정답 및 해설 ④

자운영, 콩과의 소립종자 등은 종피 상처를 내서 휴면타파 한다.

4. 병해충의 물리적 방제 방법이 아닌 것은?

① 천적곤충 ② 토양가열
③ 증기소독 ④ 유인포살

정답 및 해설 ①

특정 병해충의 천적인 육식조나 기생충을 이용하는 방법은 생물학적 방제이다.

5. 다음이 설명하는 채소는?

○ 무, 치커리, 브로콜리 종자를 주로 이용한다.
○ 재배기간이 짧고 무공해로 키울 수 있다.
○ 이식 또는 정식과정 없이 재배할 수 있다.

① 조미채소 ② 뿌리채소
③ 새싹채소 ④ 과일채소

정답 및 해설 ③

6. A농가가 오이의 성 결정시기에 받은 영농지도는?

지난해 처음으로 오이를 재배했던 A농가에서 오이의 암꽃 수가 적어 주변 농가보다 생산량이 적었다. 올해 지역 농업기술센터의 영농지도를 받은 후 오이의 암꽃 수가 지난해 보다 많아져 생산량이 증가되었다.

① 고온 및 단일 환경으로 관리

② 저온 및 장일 환경으로 관리
③ 저온 및 단일 환경으로 관리
④ 고온 및 장일 환경으로 관리

정답 및 해설 ③ 오이. 호박은 저온 및 단일 환경에서 암꽃수가 증가한다.

7. 토마토의 생리장해에 관한 설명이다. 생리장해와 처방방법을 옳게 묶은 것은?

칼슘의 결핍으로 과실의 선단이 수침상(水浸狀)으로 썩게 된다.

① 공동과 - 엽면 시비
② 기형과 - 약제 살포
③ 배꼽썩음과 - 엽면 시비
④ 줄썩음과 - 약제 살포

정답 및 해설 ③

칼슘이 결핍되면 뿌리나 눈의 생장점이 붉게 변하고, 배추의 잎마름병, 사과의 고두병, 토마토의 배꼽썩음병, 땅콩의 공협(종실이 맺혀 있지 않은 빈꼬투리)이 발생한다. 엽면시비는 토양조건이나 뿌리의 조건이 뿌리를 통한 양분흡수에 지장이 있을 때 또는 미량원소 결핍증에 대한 응급조치로서 효과가 크다.

8. 다음이 설명하는 것은?

○ 벼의 결실기에 종실이 이삭에 달린 채로 싹이 트는 것을 말한다.
○ 태풍으로 벼가 도복이 되었을 때 고온다습 조건에서 자주 발생한다.

① 출수(出穗)
② 수발아(穗發芽)
③ 맹아(萌芽)
④ 최아(催芽)

정답 및 해설 ②

수발아(穗發芽)

성숙기에 가까운 화곡류의 이삭이 도복이나 강우로 젖은 상태가 오래 지속되면 이삭에서 싹이 트는 것을 수발아라고 한다. 수발아한 씨알은 종자용이나 식용으로 부적당하다.

9. 토양에 석회를 사용하는 주요 목적은?

① 토양 피복 ② 토양 수분 증가
③ 산성토양 개량 ④ 토양생물 활성 증진

정답 및 해설 ③

산성토양 개량을 위해서는 석회가루, 백운석가루, 탄산석회가루, 조개껍질 가루, 규회석가루 등과 같은 알카리성 물질을 보충해 준다.

10. 다음 설명이 틀린 것은?

① 동해는 물의 빙점보다 낮은 온도에서 발생한다.
② 일소현상, 결구장해, 조기추대는 저온장해 증상이다.
③ 온대과수는 내동성이 강한 편이나, 열대과수는 내동성이 약하다.
④ 서리피해 방지로 톱밥 및 왕겨 태우기가 있다.

정답 및 해설 ②

일소현상은 고온장해이다.
조기추대현상은 줄기·잎 또는 뿌리가 충분히 생육되기 전에 추대가 나와 상품가치를 크게 저하시키는 것으로 파종기 또는 어린 식물 시기의 재배관리가 불충분하여 저온에서 상당한 기간을 지내게 될 경우 저온춘화처리를 행한 결과가 되어 꽃눈의 분화와 추대가 빨리 나온 것이다.

11. 다음과 관련되는 현상은?

A농가는 지난해 노지에 국화를 심고 가을에 절화를 수확하여 출하하였다. 재배지 주변의 가로등이 밤에 켜져 있어 주변 국화의 꽃눈분화가 억제되어 개화가 되지 않아 경제적 손실을 입었다.

① 도장 현상 ② 광중단 현상
③ 순멎이 현상 ④ 블라스팅 현상

정답 및 해설 ②

광중단 현상이란 암기 중의 적당한 시기에 단시간 빛을 조사했을 때 단일식물의 개화가 저해되고 장일식물의 개화는 유도되는 현상이다. ③ 순멎이 현상이란 줄기의 신장이 억제되고 짧은 마디에 암꽃이 밀생하는 현상을 말한다. 오이의 경우 정식 후 지온이 낮으면 생장점 부근의 마디 사이가 짧아지고 본잎이 위축되면서 생장이 멈추는 현상이 일어난다. ④ 꽃봉오리가 고사하는 현상을 통틀어 블라스팅(blasting)현상이라고 한다. 꽃눈 분화 후 고온에 의해 저온처리 효과가 상실되면서 꽃봉오리에 장해가 생겨 나타난다.

12. B씨가 저장한 화훼는?

> B씨가 화훼류를 수확하여 4℃ 저장고에 2주간 저장한 후 출하·유통하려 하였더니 저장전과 달리 저온장해가 발생하였다.

① 장미
② 금어초
③ 카네이션
④ 안스리움

정답 및 해설 ④

13. 시설원예 자재에 관한 설명으로 옳지 않은 것은?

① 피복자재는 열전도율이 높아야 한다.
② 피복자재는 외부 충격에 강해야 한다.
③ 골격자재는 내부식성이 강해야 한다.
④ 골격자재는 철재 및 경합금재가 사용된다.

정답 및 해설 ① 피복자재는 광선투과율은 높고 열선투과율과 열전도율은 낮아야 한다.

14. 작물재배 시 습해 방지대책으로 옳지 않은 것은?

① 배수
② 토양개량
③ 증발억제제 살포
④ 내습성 작물 선택

정답 및 해설 ③

15. 다음이 설명하는 현상은?

> ○ 온도자극에 의해 화아분화가 촉진되는 것을 말한다.
> ○ 추파성 밀 종자를 저온에 일정기간 둔 후 파종하면 정상적으로 출수할 수 있다.

① 춘화 현상 ② 경화 현상
③ 추대 현상 ④ 하고 현상

정답 및 해설 ① 종자나 어린 식물을 저온처리하여 꽃눈분화를 유도하는 것을 춘화(vernalization)라고 한다.

16. 토양 입단 파괴요인을 모두 고른 것은?

> ㄱ. 유기물 시용   ㄴ. 피복 작물 재배
> ㄷ. 비와 바람   ㄹ. 경운

① ㄱ, ㄴ ② ㄱ, ㄹ
③ ㄴ, ㄷ ④ ㄷ, ㄹ

정답 및 해설 ④

17. 토양 수분을 pF값이 낮은 것부터 옳게 나열한 것은?

> ㄱ. 결합수   ㄴ. 모관수   ㄷ. 흡착수

① ㄱ - ㄴ - ㄷ ② ㄴ - ㄱ - ㄷ
③ ㄴ - ㄷ - ㄱ ④ ㄷ - ㄴ - ㄱ

정답 및 해설 ③

토양입자의 표면과 토양수분간에 작용하는 인력(引力)을 토양수분장력(土壤水分張力)이라고 하며 이는 토양의 수분흡착력이라고 할 수 있다.

18. 사과 모양과 온도와의 관계를 설명한 것이다. ( )에 들어갈 내용을 순서대로 나열한 것은?

> 생육 초기에는 ( )생장이, 그 후에는 ( )생장이 왕성하므로 따뜻한 지방에서는 후기 생장이 충분히 이루어져 과실이 대체로 ( )모양이 된다.
>
>  편원형    장원형
>
> ① 종축, 횡축, 편원형   ② 종축, 횡축, 장원형
> ③ 횡축, 종축, 편원형   ④ 횡축, 종축, 장원형

정답 및 해설 ①

19. 우리나라의 우박 피해에 관한 설명으로 옳지 않은 것은?

> ① 사과, 배의 착과기와 성숙기에 많이 발생한다.
> ② 돌발적이고 단기간에 큰 피해가 발생한다.
> ③ 지리적 조건과 관계없이 광범위하게 분포한다.
> ④ 수관 상부에 그물을 씌워 피해를 경감시킬 수 있다.

정답 및 해설 ③

우박은 지형의 영향을 크게 받아 국지적으로 피해를 일으킨다.

20. 다음이 설명하는 것은?

○ 경작지 표면의 흙을 그루 주변에 모아 주는 것을 말한다.
○ 일반적으로 잡초 방지, 도복 방지, 맹아 억제 등의 목적으로 실시한다.

① 멀칭 ② 배토
③ 중경 ④ 쇄토

정답 및 해설 ②

21. 과수작물에서 무기양분의 불균형으로 발생하는 생리장해는?

① 일소 ② 동록
③ 열과 ④ 고두병

정답 및 해설 ④ 칼슘이 결핍되면 뿌리나 눈의 생장점이 붉게 변하고, 배추의 잎마름병, 사과의 고두병, 토마토의 배꼽썩음병, 땅콩의 공협(종실이 맺혀 있지 않은 빈꼬투리)이 발생한다.

22. 다음이 설명하는 해충과 천적의 연결이 옳은 것은?

○ 즙액을 빨아 먹고, 표면에 배설물을 부착시켜 그을음병을 유발시킨다.
○ 고추의 전 생육기간에 걸쳐 발생하며 CMV 등 바이러스를 옮기는 매개충이다.

① 진딧물 – 진디벌 ② 잎응애류 – 칠레이리응애
③ 잎굴파리 – 굴파리좀벌 ④ 총채벌레 – 애꽃노린재

정답 및 해설 ① CMV는 진딧물에 의해 전염되는 바이러스이다. 오이(Cucumis sativus) 등에서는 잎에 모자이크 증상을 나타내고, 과실은 작아지고 기형이 되어 수확량은 물론 상품가치가 크게 떨어진다.

23. 작물의 로제트(rosette)현상을 타파하기 위한 생장조절물질은?

① 옥신 ② 지베렐린
③ 에틸렌 ④ 아브시스산

정답 및 해설 ②

잎을 땅바닥에 낮게 깔고 햇빛을 최대한 받아들일 수 있는 구조로 겨울을 이겨내는 식물을 그 생김새가 방석을 깔아 놓은 모양과 닮아서 '방석식물'이라고 부르고 잎이 난 모양이 장미(Rose)를 눌러 둔 모양과 비슷하다하여 로제트(rosette) 식물이라고 부른다.

지베렐린은 도장호르몬으로서 로제트(rosette)현상을 타파해 준다.

24. 과수재배 시 일조(日照) 부족 현상은?

① 신초 웃자람 ② 꽃눈 형성 촉진
③ 과실 비대 촉진 ④ 사과 착색 촉진

정답 및 해설 ① 순지르기는 신초(새로 자라난 가지) 끝부분을 제거하는 것으로 가지로 갈 영양분을 꽃눈이 붙어있는 줄기로 이동시켜 수분(꽃의 수정)율을 높여준다. 신초 웃자람은 일조(日照) 부족 현상을 야기한다.

25. 다음 피복재 중 보온성이 가장 높은 연질 필름은?

① 폴리에틸렌(PE) 필름
② 염화비닐(PVC) 필름
③ 불소계 수지(ETFE) 필름
④ 에틸렌 아세트산비닐(EVA) 필름

정답 및 해설 ②

MEMO

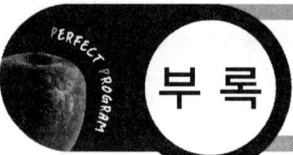

제5회 기출문제

1. 과실의 구조적 특징에 따른 분류로 옳은 것은?

① 인과류 - 사과, 자두
② 핵과류 - 복숭아, 매실
③ 장과류 - 포도, 체리
④ 각과류 - 밤, 키위

정답 및 해설 ②

복숭아, 앵두, 자두, 살구, 대추, 매실 등은 진과(眞果)이며 핵과류에 해당한다.

2. 토양 입단 형성에 부정적 영향을 주는 것은?

① 나트륨 이온 첨가
② 유기물 사용
③ 콩과작물 재배
④ 피복작물 재배

정답 및 해설 ① 칼슘이온(Ca^{2+})은 토양입자를 결합하는 작용을 하며 나트륨 이온은 토양입자의 결합력을 약화시킨다.

3. 작물재배에 있어서 질소에 관한 설명으로 옳은 것은?

① 벼과작물에 비에 콩과작물은 질소 시비량을 늘어주는 것이 좋다.
② 질산이온(NO_3)으로 식물에 흡수된다.
③ 결핍증상은 노엽(老葉)보다 유엽(幼葉)에서 먼저 나타난다.
④ 암모니아태 질소비료는 석회와 함께 사용하는 것이 효과적이다.

정답 및 해설 ②

① 벼과작물에 비에 콩과작물은 질소고정균인 뿌리혹박테리아가 활동하므로 질소 시비량을 줄여주어도 된다.
③ 질소결핍증상은 늙은 부분에서 먼저 나타나고 생장점에서는 마지막으로 나타난다.
④ 암모니아태 질소와 알칼리성 비료(석회질소)를 혼합하면 암모니아가 기체로 변하여 휘산되기 때문에

함께 시용하지 말아야 한다.

4. 식물체 내 물의 기능을 모두 고른 것은?

> ㄱ. 양분 흡수의 용매　　　ㄴ. 세포의 팽압 유지
> ㄷ. 식물체의 항상성 유지　　ㄹ. 물질 합성과정의 매개

① ㄱ, ㄴ
② ㄱ, ㄷ, ㄹ
③ ㄴ, ㄷ, ㄹ
④ ㄱ, ㄴ, ㄷ, ㄹ

정답 및 해설 ④
모두 물의 기능에 해당된다.

5. 토양 습해 대책으로 옳지 않은 것은?

① 밭의 고랑재배
② 땅속 배수시설 설치
③ 습답의 이랑재배
④ 토양개량제 시용

정답 및 해설 ① 이랑재배가 습해에 대한 대책이 된다.

6. 작물재배 시 한해(旱害) 대책을 모두 고른 것은?

> ㄱ. 중경제초　　ㄴ. 밀식재배　　ㄷ. 토양입단 조성

① ㄱ, ㄴ
② ㄱ, ㄷ
③ ㄴ, ㄷ
④ ㄱ, ㄴ, ㄷ

정답 및 해설 ② 한해(旱害) 대책으로는 토양입단의 조성, 드라이파밍(dry farming), 피복, 중경제초, 중

발억제제의 살포 등이 있다.

7. 다음 (   )에 들어갈 내용을 순서대로 옳게 나열한 것은?

> 과수작물의 동해 및 서리피해에서 (   )의 경우 꽃이 일찍 피는 따뜻한 지역에서 늦서리 피해가 많이 일어난다. 최근에는 온난화의 영향으로 개화기가 빨라져 (   )에서 서리피해가 빈번하게 발생한다. (   )은 상층의 더운 공기를 아래로 불어내려 과수원의 기온 저하를 막아주는 방법이다.

① 사과나무, 장과류, 살수법
② 배나무, 핵과류, 송풍법
③ 배나무, 인과류, 살수법
④ 사과나무, 각과류, 송풍법

정답 및 해설 ②

서리 피해를 예방하기 위해서는 송풍법, 살수법, 연소법 등으로 사전 대책을 세워야 한다.

송풍법은 기온이 내려갈 때 방상팬을 가동시켜 따뜻한 바람을 송풍시키는 방법이다. 작동온도는 3도 정도로 설정하고 여러 대가 동시에 가동되지 않도록 제어반에서 5~10초 간격을 둔다. 가동 정지온도는 일출 이후 온도의 급변을 방지하기 위해 설정온도 보다 2도 높게 한다.

살수법은 스프링클러 등을 이용해 물을 뿌려 물이 얼음으로 될 때 나오는 잠열을 이용하는 방법이다. 온도가 1~2도가 되면 살수시스템을 가동하고 일출 이후에 중단한다.

연소법은 톱밥, 왕겨 등을 태워서 과원 내 기온을 높여 주는 방법이다. 기온이 영하 1도 정도가 될 때 10a당 점화통 20개 정도를 과원 주위에는 많이, 안쪽에는 드물게 배치해 온도가 고루 올라가도록 한다. 이 때 산불이 발생되지 않도록 각별히 주의해야 한다.

8. 작물의 생육적온에 설명으로 옳지 않은 것은?

① 대사작용에 따라 적온이 다르다.
② 발아 후 생육단계별로 적온이 있다.
③ 품종에 따른 차이가 존재한다.
④ 주간과 야간의 적온은 동일하다.

정답 및 해설 ④

주간과 야간의 적온은 다르다. 낮과 밤의 온도 차이는 광합성 산물의 체내축적에 영향을 준다.

9. 다음 ( )의 내용을 순서대로 나열한 것은?

> 광보상점은 광합성에 의한 이산화탄소 ( )과 호흡에 의한 이산화탄소 ( )이 같은 지점이다. 그리고 내음성이 ( ) 작물은 ( ) 작물보다 광보상점이 높다.

① 방출량, 흡수량, 약한, 강한
② 방출량, 흡수량, 강한, 약한
③ 흡수량, 방출량, 약한, 강한
④ 흡수량, 방출량, 강한, 약한

정답 및 해설 ③

광합성을 위한 이산화탄소의 흡수량과 호흡에 의한 이산화탄소의 방출량이 동일하게 될 때의 광도를 광보상점이라고 한다. 식물은 광보상점이상의 광을 받아야만 생육을 계속할 수 있다. 광보상점이 낮아서 그늘에도 적응하는 식물을 음지식물이라고 하고 광보상점이 높아서 내음성이 약한 식물을 양지식물이라고 한다.

10. 우리나라 우박 피해로 옳은 것을 모두 고른 것은?

> ㄱ. 전국적으로 7월에 집중적으로 발생한다.
> ㄴ. 돌발적이고 단기간에 큰 피해가 발생한다.
> ㄷ. 피해지역이 비교적 좁은 범위에 한정된다.
> ㄹ. 피해과원의 모든 과실을 제거하여 이듬해 결실률을 높인다.

① ㄱ, ㄹ
② ㄴ, ㄷ
③ ㄴ, ㄷ, ㄹ
④ ㄱ, ㄴ, ㄷ, ㄹ

정답 및 해설 ②

ㄱ. 국지적으로 발생한다.
ㄹ. 피해과원의 피해 과실을 제거하고 비배관리로 건전한 생육을 유도하여야 한다.

11. 다음이 설명하는 재해는?

> 시설재배 시 토양수분의 증발량이 관수량보다 많을 때 주로 발생하며, 비료성분의 집적으로 작물의 토양수분 흡수가 어려워지고 영양소 불균형을 초래한다.

① 한해 ② 습해
③ 염해 ④ 냉해

정답 및 해설 ③

토양용액의 높은 염류농도는 삼투압을 높여 뿌리를 통한 양분과 수분 흡수를 저해하여 피해가 나타나는 것이다.

12. 과수재배에 이용되는 생장조절물질에 관한 설명으로 옳지 않은 것은?

① 삽목 시 발근촉진제로 옥신계 물질을 사용한다.
② 사과나무 적과제로 옥신계 물질을 사용한다.
③ 씨없는 포도를 만들 때 지베렐린을 사용한다.
④ 사과나무 낙과방지제로 시토키닌계 물질을 사용한다.

정답 및 해설 ④ 사과나무 낙과방지제로 옥신계 물질을 사용한다.

13. 다음이 설명하는 것은?

> 낙엽과수는 가을 노화기간에 자연적인 기온 저하와 함께 내한성 증대를 위해 점진적으로 저온에 노출되어야 한다.

① 경화 ② 동화
③ 적화 ④ 춘화

정답 및 해설 ① 월동하는 작물이 5℃ 이하의 저온에 계속 노출되게 되면 내동성이 커지는데 이를 경화라고 한다.

| 부 록 |

14. 재래육묘에 비해 플러그육묘의 장점이 아닌 것은?

① 노동·기술집약적이다.
② 계획생산이 가능하다.
③ 정식 후 생장이 빠르다.
④ 기계화 및 자동화로 대량생산이 가능하다.

정답 및 해설 ① 노동절약적이다.

15. 육묘 재배의 이유가 아닌 곳은?

① 과채류 재배 시 수확기를 앞당길 수 있다.
② 벼 재배 시 감자와 1년 2작이 가능하다.
③ 봄 결구배추 재배 시 추대를 유도할 수 있다.
④ 맥류 재배 시 생육촉진으로 생산량 증가를 기대할 수 있다.

정답 및 해설 ③ 엽채류, 근채류 등에서 근출엽(rosette)으로부터 꽃봉오리가 붙어 있는 꽃대가 나오는 것을 추대라고 하며, 추대를 유도하는 것이 육묘의 목적은 아니다.

16. 삽목번식에 관한 설명으로 옳지 않은 것은?

① 과수의 결실연령을 단축시킬 수 있다.
② 모주의 유전형질이 후대에 똑 같이 계승된다.
③ 종자번식이 불가능한 작물의 번식수단이 된다.
④ 수세를 조절하고 병해충 저항성을 높일 수 있다.

정답 및 해설 ④ 수세를 조절하고 병해충 저항성을 높일 수 있는 것은 접목번식이다.

17. 담배모자이크바이러스의 주요 피해작물이 아닌 것은?

① 가지   ② 사과

③ 고추 ④ 배추

정답 및 해설 ④

담배모자이크바이러스는 담배뿐만 아니라, 가지, 토마토, 고추와 같은 가지과(Solanaceae) 식물, 수박, 호박 등과 같은 박과(Cucurbitaceae) 식물, 사과 등을 감염시킬 수 있다.

18. 식용부위에 따른 분류에서 엽경채류가 아닌 것은?

① 시금치 ② 미나리
③ 마늘 ④ 오이

정답 및 해설 ④ 오이는 열매채소(과채류)이다.

19. 다음 ( )의 내용을 순서대로 옳게 나열한 것은?

> 저온에 의하여 꽃눈형성이 유기되는 것을 ( )라 말하며, 당근・양배추 등은( )으로 식물체가 일정한 크기에 도달해야만 저온에 감응하여 화아분화가 이루어진다.

① 춘화, 종자춘화형 ② 이춘화, 종자춘화형
③ 춘화, 녹식물춘화형 ④ 이춘화, 녹식물춘화영

정답 및 해설 ③

종자나 어린 식물을 저온처리하여 꽃눈분화를 유도하는 것을 춘화(vernalization)라고 한다.
최아종자(싹틔운 종자)의 시기에 춘화하는 것이 효과적인 식물을 종자춘화형 식물이라고 하고, 녹채기(엽록소 형성시기, 본엽 1~3매의 어린 시기)에 춘화하는 것이 효과적인 식물을 녹식물 춘화형 식물이라고 한다. 맥류, 무, 배추, 시금치 등은 종자춘화형 식물이며, 양배추, 당근 등은 녹식물 춘화형 식물이다.

20. 다음 두 농가가 재배하고 있는 품목은?

> A농가: 과실이 자람에 따라 서서히 호흡이 저하되다 성숙기를 지나 완숙이 진행되는 전환기에 호흡이 일시적으로 상승하는 과실
> B농가: 성숙기가 되어도 특정한 변화가 일어나지 않는 과실

① A농가: 사과, B농가: 블루베리
② A농가: 살구, B농가: 키위
③ A농가: 포도, B농가: 바나나
④ A농가: 자두, B농가: 복숭아

정답 및 해설 ① 작물이 숙성함에 따라 호흡이 현저하게 증가하는 과실을 호흡상승과(climacteric fruits)라고 하며, 사과, 토마토, 감, 바나나, 복숭아, 키위, 망고, 참다래 등이 있다.

21. 도로건설로 야간 조명이 늘어나는 지역에서 개화 지연에 대한 대책이 필요한 화훼작물은?

① 국화, 시클라멘
② 장미, 페튜니아
③ 금어초, 제라늄
④ 칼랑코에, 포인세티아

정답 및 해설 ④ 야간 조명이 늘어나는 지역에서 개화 지연에 대한 대책이 필요한 작물은 단일식물이다. 국화, 콩, 코스모스, 나팔꽃, 사르비아, 칼랑코에, 포인세티아 등이 단일식물에 해당된다.

22. A농가에서 실수로 2°C에 저장하여 저온장해를 받게 될 품목은?

① 장미
② 백합
③ 극락조화
④ 국화

정답 및 해설 ③ 난초, 극락조화, 카네이션 등은 특히 내한성이 약하다.

23. A농가의 하우스 오이재배 시 낙과가 발생하였다. B손해평가사가 주요 원인으로 조사할 항목은?

① 유인끈
② 재배방식

③ 일조량   ④ 탄산시비

정답 및 해설 ③
오이의 낙과 원인 중 가장 중요한 것은 일조 부족으로 인한 동화양분의 부족이다.

24. 수경재배에 사용 가능한 원수는?

① 철분 함량이 높은 물
② 나트륨, 염소의 함량이 100ppm 이상인 물
③ 산도가 pH 7에 가까운 물
④ 중탄산 함량이 100ppm 이상인 물

정답 및 해설 ③ 중성이나 약산성이 바람직하다.

25. 시설재배에서 연질 피복재가 아닌 것은?

① 폴리에틸렌필름   ② 폴리에스테르필름
③ 염화비닐필름   ④ 에틸렌아세트산비닐필름

정답 및 해설 ② 기초피복재로서 플라스틱 필름은 연질 필름, 경질 필름, 경질판으로 구별된다.
㈀ 연질 필름은 두께 0.05~0.1mm의 필름이며, 폴리에틸렌 필름, 연화비닐 필름, 에틸렌아세트산비닐 필름이 있다.
㈁ 경질 필름은 두께 0.1~0.2mm의 필름이며, 폴리에스테르 필름이 있다.
㈂ 경질판은 두께 0.2mm 이상의 플라스틱판이다.

MEMO

참고문헌

류수노 외1인, 2011, 한국방송통신대학교출판부, 재배학원론
박순직, 2006, 향문사, 삼고재배학원론
문원 외2인, 2011, 한국방송통신대학교출판부, 시설원예학
문원 외2인, 2010, 한국방송통신대학교출판부, 원예학개론
이영복, 2015, 한국고시저널, 농학개론 중 재배학 및 원예작물학

농학개론 중 재배학 및 원예작물학 요약집

초판 인쇄 / 2019년 7월 31일
초판 발행 / 2019년 8월 5일
편저 / 고송남
발행인 / 이지오
발행처 / 사마출판
주소 / 서울시 중구 퇴계로45길 19 402호
등록 / 제301-2011-049호
전화 / 02)3789-0909, 070-8817-8883
팩스 / 02)3789-0989

저자와의 협의에 의해 인지 첨부를 생략합니다.

ISBN / 978-89-98375-69-0   13520
정가 20,000원

· 이 책의 모든 출판권은 사마출판에 있습니다.
· 본서의 독특한 내용과 해설의 모방을 금합니다.
· 잘못된 책은 판매처에서 바꿔 드립니다.